ALL IN

Estrategias del póker en el liderazgo positivo

Raynell A. Paravavides A.

Diseño de la portada de: Carmen Rodríguez Fukumoto
Impreso en los Estados Unidos de América

A Ray,

Mi hermano, mi amigo y mi primer maestro.

PREFACIO

¿Cómo entender la vida desde la perspectiva de un juego considerado de azar? Y más aún, ¿Cómo entender el liderazgo positivo y sus estrategias desde el póker? Son algunas de las interrogantes que se le puede presentar a usted querido lector con sólo leer la portada de este libro.

En mi camino por el mundo del juego de cartas como jugador recreacional, he visto algunas similitudes entre las acciones que se llevan a cabo en una mesa de póker y los juegos propios del poder en el liderazgo, en cualquiera de sus formas. Quizás, si usted no ha jugado nunca una mano de póker no entenderá bien las analogías que se le puedan presentar en la vida diaria, pero luego de apreciar la lectura que se le presenta a continuación, usted verá con ojos diferentes tanto al juego de póker como al liderazgo positivo.

Mi intención, estimado invitado, no es ser una guía en el mundo del póker, ni tampoco en el liderazgo positivo. Sabemos bien que las peculiaridades de cada persona y del entorno mismo moldean la noción que cada uno de nosotros tiene sobre el liderazgo positivo. Sin embargo, sí es preciso entender que las acciones que llevamos a cabo en una mesa de póker, para aquellos que han jugado, son muy similares a nuestro camino en la vida como futuros líderes de organizaciones, sociedades, familias, etc.

Y si usted aún no se ha atrevido a jugar, es momento de que por lo menos pueda entender de qué va este juego de cartas que ha evolucionado hasta nuestros días de forma majestuosa y cuyos orígenes se remontan siglos atrás. Aquí podrá encontrar algunos tips que, si le llaman bastante la atención, podrá aplicarse e interesarse y cómo no, podrá jugar una que otra mano con amigos a modo de relajarse un poco.

En la búsqueda de modelos de liderazgos se ha podido recopilar acciones históricas de todo tipo para poder sumarlas a los ejemplos sobre estrategias, esto da un sentido de pertenencia histórica respecto a las formas de desarrollarse dentro de un terreno en particular y aplicando estrategias individuales. Nada es más explícito que ejemplos históricos para entender estrategias propias que podremos aplicar en cada uno de nuestros pasos como profesionales en nuestras áreas y como futuros líderes.

Esperamos que aplicar las estrategias correctas lo lleven a usted como persona primero y luego como profesional a alcanzar sus objetivos propuestos de la forma más expedita posible y sin necesidad de tropezarse con frecuencia en el camino. El libro está redactado de forma simple pero sin perder la profundidad de cada tema que abordamos para que usted tenga un aprendizaje completo y ameno.

Esperemos que disfrute las manos del juego y tenga un paseo satisfactorio por el mundo del póker y el liderazgo positivo. ¡Buena Suerte!

EL AUTOR.

CAPÍTULO I.

Comienza el juego

ENTENDIENDO EL PÓKER *Y EL LIDERAZGO POSITIVO.*

Antes de desarrollar los apartados donde nos adentraremos en las analogías entre el póker y el liderazgo, y algunas estrategias que además den resultados positivos en nuestro andar como futuros líderes, es importante explicar y entender de qué va el póker y el propio liderazgo.

Se observa y no con poco asombro, como muchas personas piensan que el póker es *"sólo"* un juego de azar jugado con cartas, algo erróneo por supuesto, por lo menos en parte; asimismo, en el ámbito del liderazgo hay personas que piensan que un jefe es un líder o que un líder debe tener todas las respuestas a una situación o que el liderazgo supone la responsabilidad de tener todas las soluciones, incluso que con el don de líder se nace. Estas afirmaciones además de inexactas, carecen de todo sentido, sobre todo cuando hablamos de liderazgo. Es por ello, que es importante entender de qué va el póker, cómo se juega, algunas de sus reglas y con el mismo criterio entender el liderazgo, su evolución y cómo debería afrontarse en la actualidad.

Desarrollaremos cada tema de forma individual para que vayamos entendiendo por pasos las reglas del juego del póker y cómo no, las propias reglas del liderazgo, con ejemplos y luego analogías que nos servirán en nuestro camino para ilustrar las acciones de la mesa de póker en el campo de batalla del liderazgo positivo.

* * *

ENTENDAMOS EL JUEGO

¿Qué es el póker? El póker, ese juego de cartas donde se sientan alrededor de una mesa ovalada o redonda héroes y villanos por igual para poder ganar el bote que se encuentra en el medio de todos. A veces puede estar en juego algo más importante que el dinero, otras veces sólo se juega por el honor de ser el mejor y otras tantas, por simple diversión. Pero, normalmente, se juega por dinero ¿Verdad?

Te acabas de topar con una definición un poco alejada de la realidad, aunque no del todo equivocada de lo que se trata el juego del póker. ¿Y por qué? Pues, porque nada tienen que ver los héroes y villanos en el póker y, aunque en muchas películas de tv nos muestran los clásicos señores barbudos, malolientes y borrachos del medio oeste de Estados Unidos, actualmente esa realidad dista mucho de lo que en verdad sucede en las mesas de póker.

Su origen no está del todo claro, algunos indican que se originó en Asia y que fue evolucionando con el tiempo. Muchos autores como Carreño 2012[1] también hacen hincapié en que el póker tal y como lo conocemos hoy día, con muchas de sus reglas aún vigentes, se originó en Nueva Orleans, Estados Unidos.

Es indiscutible que este juego ha evolucionado mucho desde sus inicios y, aunque los personajes con quienes se les relacionó originalmente no eran del todo presentables (ya dijimos que eran vaqueros malolientes, borrachos y otras cualidades para nada glamorosas), hoy en día el póker es una actividad completamente diferente. Se juegan en casinos de todas partes del mundo y existen muchas variedades del juego online, la cual es una empresa de billones de dólares al año. De hecho, una sala muy conocida por los jugadores en red, reparte un millón de dólares todos los domingos en uno de sus torneos más famosos. Esto nos da una idea de lo que es el póker en el presente.

Los jugadores también han cambiado, ya no son aquellos borrachos malolientes, ahora todo tipo de personas juegan al póker alrededor del mundo, desde millonarios que se pueden gastar una fortuna en un fin de semana en cualquier casino de Las Vegas, Monte Carlo o cualquier otro, hasta pequeños amateurs que sólo apuestan una pequeña cantidad de dinero para pasar el rato y ver si tienen la suerte y habilidad de ganar algo de dinero extra. También están aquellos que se dedican casi exclusivamente a esta actividad, son los profesionales cuyos ingresos principales vienen de las ganancias que le deja el juego de póker. Así mismo, existe un grupo de personas que se dedican a este oficio de manera parcial, como un trabajo común y corriente pero sin dedicar tanto tiempo como lo hacen los profesionales, son los llamados jugadores semi-profesionales.

Ahora ya sabemos que hay tres tipos de jugadores en las mesas de póker de todo el mundo: *amateurs o jugadores por diversión, semi-profesionales y profesionales. Los amateurs o jugadores por diversión* son aquellos que ingresan a una mesa de póker bien sea física o en línea para divertirse un rato con los amigos, pasar un tiempo entretenido o simplemente por la emoción que genera apostar algo de dinero y ver la posibilidad de llevarse algo del bote principal. Estos jugadores pueden ingresar con pequeñas o grandes cantidades de dinero, no importa, lo cierto es que van a divertirse. *Los jugadores semi-profesionales*, hacen del póker una actividad generadora de ganancias que les permite obtener una fuente de ingresos extra aparte de su actividad normal. Generalmente le dedican de 3 a 4 horas diarias al juego, lo hacen de forma metódica porque lo han estudiado un tiempo y buscan mejorar su juego progresivamente. *Los jugadores profesionales* alguna vez fueron semi-profesionales, pero al ser tan buenos en la práctica del póker decidieron dedicarse exclusivamente a éste como actividad principal; entonces, pueden estar de 6 a 12 horas diarias dedicados al famoso juego de cartas, incluso cuando están en grandes torneos, pueden estar sentados en una mesa de póker entre 12 y 14 horas diarias durante unos 5 días para tratar de llevarse un buen premio, son estudiosos de sus reglas, revisan sus jugadas, son más meticulosos a la hora de jugar, etc. Como buen profesional, buscan mejorar día a día su juego con el fin de aumentar sus ingresos principales.

Existen algunas variantes del juego de póker y varias de ellas son sólo modificaciones del juego original pero su importancia radica en saber cómo jugarlo puesto que cada juego es diferente y la habilidad requerida también. No vamos a ahondar en detalle de cómo se juega cada uno de los estilos, sin embargo, si quisiéramos nombrar los estilos de juegos de póker que existen en la actualidad ya que, de tener curiosidad, puedes investigar más al respecto de cada uno: Póker cubierto de 5 cartas (éste es el juego que originalmente surgió en Estados Unidos), Hold´em con Límite, Hold´em sin Límite, Pot Limit Omaha High, Pot Limit Omaha High Low, Seven Card Stud, Razz y Seven Card Stud High Low.

Durante nuestro repaso del juego de póker enfocado al liderazgo positivo estaremos tomando como referencia al juego que es más popular en la actualidad, el Hold´em sin Límite o Texas Hold´em con el cual esperemos que te sientas cómodo al momento de abordar las analogías pertinentes. Al no ser éste un libro de aprendizaje al póker, siempre esperamos que puedas consultar otra bibliografía para ahondar más en las reglas y formas de jugar, sin embargo, para poder establecer bien claras las referencias respecto al liderazgo y más aún, al liderazgo positivo, esteremos explicando de manera sucinta aspectos que consideramos importantes del juego.

❊ ❊ ❊

EL LIDERAZGO EN LA SOCIEDAD ACTUAL.

El liderazgo ha cambiado mucho con la evolución del tiempo, en época de las cavernas por ejemplo, el liderazgo se ganaba con fuerza bruta y potencia, eran más preciados aquellos individuos capaces de traer comida a la familia a través de la caza y de otras habilidades que requerían de la fuerza del hombre para sustentar a las pequeñas sociedades primitivas que fueron evolucionando con el tiempo.

En la época del feudalismo primero y luego de la colonia, el liderazgo fundamentalmente era una herencia familiar, aquí era más importante la tenencia de tierras o propiedades para poder escalar en los peldaños del poder. A finales del siglo XIX y principios del XX el tema del liderazgo tuvo una transformación importante, con el avance de la tecnología el conocimiento fue una fuente significativa para el liderazgo. El conocimiento de hecho, permitió que grandes líderes surgieran e influyeran en las nuevas ideas del mundo moderno.

Es muy claro también que la política ha tenido un papel fundamental en la creación de líderes. De hecho, los líderes políticos son los centros de atención más importantes cuando hablamos de liderazgo, no en vano, sus palabras y acciones determinan el curso histórico de una nación o incluso de una región completa del planeta.

En lo que nos compete al estudio del liderazgo positivo, nos vamos a enfocar en el liderazgo individual que podemos desarrollar para nuestro crecimiento, esto incluye el liderazgo en las organizaciones, cualquiera que esta se trate, y en la sociedad en general.

Como lo dicen Luisser y Achua[2] en su libro sobre el liderazgo, *"un líder siempre tiene la habilidad de influir sobre los demás"*, esto es de importancia superlativa al momento de referirnos a los líderes y al liderazgo en general. En términos absolutos, esta es la cualidad más importante de un líder, poder influir en los demás y hacer que sus ideas sean aceptadas de buena manera por quienes los siguen. Este poder se gana con la experiencia y para ello hay cualidades que se deben desarrollar.

Existen preguntas eternas que todos los estudiosos se hacen cuando comienzan a abordar el tema del liderazgo, ¿Un líder nace o se hace?, es indiscutible que hay personas que nacen con cualidades que llamaremos innatas para poder influir en los demás. Muchos de nosotros en nuestro paso por la escuela, la universidad o en las organizaciones donde hemos laborado, nos hemos topado con estas personas que tienen magníficas dotes de orador, una presencia impecable y una capacidad estupenda de lograr la aceptación de sus ideas, mover masas, tener iniciativas de proyectos, etc. Éstas son la clase de personas que podemos decir que tienen ese don al nacer. Sin embargo, la mayoría no tiene dicha cualidad, entonces, la pregunta siguiente sería ¿Cómo hacemos las personas que no nacimos con dicha cualidad? Pareciera que estuviéramos destinados a no ser líderes en nuestras sociedades u organizaciones.

Indiscutiblemente los líderes nacen pero también se hacen. Sin embargo, en cualquiera de los dos casos, para poder practicar un liderazgo positivo y eficiente, como el que alentamos en el presente libro, el líder debe prepararse continuamente y esta preparación debe evolucionar con el pasar del tiempo. Esto es fundamental en el desarrollo de ese liderazgo, sobretodo porque ser líder también conlleva una responsabilidad, no sólo sobre sí mismo y las acciones que ejecute, sino también sobre quienes lo siguen, en concreto, las organizaciones y sociedades dependen en gran medida de las disposiciones y efectivas acciones de los líderes.

Aunque el líder que nace tiene más probabilidades de ganar la empatía de sus seguidores más fácilmente y así ejercer su influencia más rápidamente, si no se esfuerza en mejorar cada día y prepararse para ser más eficiente, no logrará a llegar a lugares donde cualquier persona que si se prepare para este rol lo haga de forma constante y disciplinada. Steve Jobs, fundador de la empresa tecnológica Apple dijo una vez que *"la innovación es lo que distingue al líder de los seguidores"*, y esa innovación que menciona Jobs, es precisamente la que se cultiva con la preparación y estudio constante, la disciplina y cómo no, las habilidades que se desarrollan con la experiencia y la adaptabilidad que se pueda mostrar a los cambios dentro de las sociedades y organizaciones, el ingenio no es una cuestión de suerte.

En definitiva, es muy importante entender que el liderazgo es posible alimentarlo con el paso del tiempo; si usted nació o no con las cualidades de líder, no tiene importancia, aquí lo importante es la preparación constante que deba tener para poder aplicar en sí mismo primero, en la sociedad luego y, en definitiva, en cualquier organización en la que usted se desempeñe. Ser un líder de influencia positiva requiere tiempo y esfuerzo, pero es posible lograrlo. No apuntemos a ser cualquier tipo de líder, seamos el liderazgo positivo que nuestras sociedades merecen.

* * *

VOLVAMOS AL PÓKER.

Ya hemos repasado de forma muy somera el origen del póker, algunas formas de sus estilos de juego, quiénes lo practican y alguna que otra característica actual. Pero aún no hemos comentado cómo se juega, cuáles son sus reglas y forma de jugarlo, etc.

A medida que vayamos avanzando en el texto y la explicación del póker en este y otros capítulos, iremos agregando palabras típicas del argot en el juego de póker, usted puede consultarlas en las notas al pie de página o en las referencias finales del presente texto.

Dijimos que éste es un juego de cartas que se juega en una mesa ovalada o redonda, el máximo de participantes que pueden estar sentados a la misma vez en una misma mesa es de diez, a medida que se vayan eliminando los jugadores y vayan quedando menos, el juego se irá tornando más emocionante puesto que los jugadores restantes estarán más cerca de conseguir llevarse el premio principal. En los torneos organizados por casinos y salas de póker online, la cantidad de mesas que están jugando al mismo tiempo suelen superar las decenas, centenas e incluso miles. Hay torneos, sobretodo de forma online, donde más de 50 mil jugadores están conectados al mismo tiempo. Allí los premios para los primeros puestos suelen ser muy jugosos.

El póker se juega con la denominada baraja francesa. Ésta es una combinación de 52 cartas, con 13 valores distintos y figuras diferentes llamados "palos". Para el caso que nos atañe explicar, que es el juego de Texas Hold´em, dichos palos tienen el mismo valor entre cada uno.

1.- Baraja Francesa. Tomado de: Banco de Imágenes
de Pixabay.com

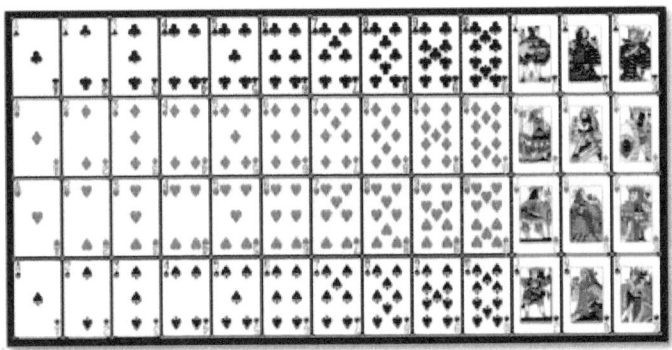

Los valores van desde el As hasta el Rey. Sin embargo, el As puede tomar el mínimo o máximo valor según le convenga al jugador en la mesa. Es por ello que normalmente a la baraja francesa se le clasifica de la siguiente manera: A,2,3,4,5,6,7,8,9,10,J,Q,K,A. Como se observa, el as se cuenta dos veces. Las letras en las cartas se leen de la siguiente manera: J = Jack o Jota. / Q = Queen o Reina / K = King o Rey. Los palos por su parte, tienen la siguiente denominación: ♣ = Trébol / ♥ = Corazón / ♠ = Pica / ♦ = Diamante.

Antes de explicar la dinámica propia del juego, conviene indicar los tipos de manos con las cuales puede ganar un jugador, es decir, los tipos de manos que existen para ganar una ronda. Es preciso indicar dos atenuantes: en primer lugar, un jugador gana con la mejor combinación de 5 cartas posibles y, en segundo lugar, los jugadores siempre tendrán de inicio dos cartas, que sólo el jugador puede ver y hasta 5 cartas destapadas, también llamadas comunitarias, las cuales cada jugador puede combinar con sus dos cartas otorgadas previamente. Se recuerda, sólo la mejor combinación de cinco cartas puede ganar.

Las siguientes son las combinaciones mediante las cuales un jugador puede ganar una mano en el póker, se encuentran ordenadas de mejor a menor mano:

- ESCALERA REAL DE COLOR O REAL FLUSH STRAIGHT: Es la combinación de las cartas A-K-Q-J-10 del mismo palo. Ya dijimos que los palos tienen igual valor, por lo tanto puede ser de tréboles, picas, diamante o corazones, siempre todos iguales.
- ESCALERA DE COLOR O FLUSH STRAIGHT: Es la combinación de 5 cartas consecutivas del mismo palo. Por ejemplo: 5-6-7-8-9 de corazones. En caso de que otro(s) jugador(es) tenga(n) otra escalera, gana el jugador que tenga la escalera de mayor valor.
- POKER O FOUR OF A KIND: Es la combinación de cuatro cartas del mismo valor. Por ejemplo: cuatro cartas de valor diez o cuatro dieces. En el caso de que hayas más de un jugador con póker, gana el jugador con las cuatro cartas de mayor valor.
- FULL O FULL HOUSE: Es la combinación de un trío más una pareja. Por ejemplo: 10-10-9-9-9 (Dos dieces y tres nueves). Normalmente se le nombra con el trío primero, ya que éste es el que le da la fuerza al full. En el caso del ejemplo, sería Full de nueves. Si dos jugadores o más tienen Full, gana el trío de mayor valor. Si los tríos fueran iguales, gana el de la pareja mayor.
- COLOR O FLUSH: Es la combinación de cinco cartas de valores diferentes pero con el mismo palo. Por ejemplo: 8-5-J-A-2 de picas. En caso de empate gana el jugador con la carta de mayor valor, si existe el empate, gana el jugador con la segunda carta más alta y así sucesivamente hasta verificar las cinco cartas.
- ESCALERA O STRAIGHT: Es la combinación de cinco cartas de valores consecutivos y palos diferentes. Por ejemplo: 5 de picas, 6 de corazones, 7 de tréboles, 8 de diamante y 9 de corazones. En caso de empate, gana

el jugador con la escalera de mayor valor.

- TRÍO O THREE OF A KIND: Es la combinación de tres cartas del mismo valor. Por ejemplo: tres cartas de valor ocho o trío de ochos. En caso de empate, gana el jugador con el mayor trío. Si aun así el empate continúa, gana el jugador con el kicker[3] más alto.

- PAREJA O PAIR: Es la combinación de dos cartas del mismo valor. Por ejemplo: dos cartas con valor Jota o Jack o par de jotas. En caso de empate, gana el jugador con la pareja mayor. Si el empate continúa, gana el jugador con el kicker más alto.

- CARTA ALTA O HIGH CARD: Cuando no se puede tener ninguna de las combinaciones anteriores, el jugador con la carta más alta gana.

En la ilustración siguiente, se observa con más detalle las combinaciones de manos en el póker:.

2.- Ranking de manos en el póker. Tomado de: pokerhand.co.uk

Poker Hand Rankings

Royal Flush	10♥	J♥	Q♥	K♥	A♥
Straight Flush	7♠	8♠	9♠	10♠	J♠
Four of a Kind	9♥	9♠	9♦	9♣	3♦
Full House	Q♥	Q♠	Q♦	3♣	3♦
Flush	3♦	7♦	8♦	Q♦	K♦
Straight	5♥	6♦	7♠	8♣	9♦
Three of a Kind	K♠	K♣	K♦	5♣	7♦
Two Pair	A♥	A♠	J♦	J♣	3♦
One Pair	K♦	K♠	J♣	6♣	4♦

Entendidas las manos ganadores en un juego de póker y su ranking, ahora nos toca indicar cómo es la dinámica.

Existe un repartidor de cartas o croupier, éste es el encargado de entregar las cartas a los jugadores, funciona como moderador en la mesa, controla la funcionalidad en la mesa en cuanto a las apuestas asignadas, repartición de botes, etc.

Los dos primeros jugadores a la izquierda del *"Botón"* inician la ronda con las apuestas obligatorias o *"Blinds"*. El primero a la izquierda aporta la mitad de la ciega grande o *"Small Blind"* y el segundo jugador aportará la ciega pequeña o *"Big Blind"*.[4] Creado el bote inicial con las apuestas obligatorias, se reparten dos cartas a cada jugador, éstas son cartas tapadas, es decir, sólo cada jugador de manera individual puede ver el par de cartas que le han sido entregadas.

Una vez realizada la entrega de las cartas tapadas a cada jugador, se inicia la primera ronda de apuestas. Esta ronda de apuestas comienza por la primera posición a la izquierda de la ciega grande o Big Blind y se llama *"Under the Gun"*[5] o UTG por ser el primero en hablar. Éste jugador tiene las opciones de hacer *"fold"* [6] o retirarse, hacer *"call"*[7] o igualar la apuesta o hacer *"raise"*[8] o incrementar la apuesta del big blind. La ronda continúa con los jugadores de la izquierda hasta terminar todos con la misma cantidad de dinero en la mesa, lo cual hace el bote en esta primera ronda.

Luego de esta primera ronda de apuestas, el repartidor realiza el *"flop"*[9], que es la entrega de las primeras tres cartas comunitarias. Estas cartas pueden ser usadas por todos los jugadores en la mesa para mejorar su mano. Comienza la segunda ronda de apuestas, habla primero el jugador que se encuentra a la izquierda del *"Botón"* o *"Dealer"*[10]. El primer jugador tiene la opción de hacer *"check"*[11] o pasar sin apostar pero manteniéndose en la mesa. Si el primer jugador pasa, los demás pueden hacer lo mismo si quisieran y continuarían la siguiente ronda. Por el contrario, si realiza una apuesta, los siguientes jugadores, deberán hacer *"call"*, *"fold"* o *"raise"*. En caso de incrementar la apuesta o hacer *"raise"* los siguientes jugadores deberán igualar para mantenerse o hacer *"re-raise"*[12] para aumentar la presión. La ronda culmina cuando todos los jugadores hayan apostado la misma cantidad de dinero. El comienzo de la siguiente ronda se inicia cuando el repartidor entrega el *"turn"*[13], esta ronda al igual que la anterior, comienza con el jugador que esté más cercano a la izquierda del botón o "dealer" y termina cuando todos en la mesa hayan apostado la misma cantidad de dinero. Finalmente, el repartidor entrega la última carta o *"river"*[14]. Se hace la última ronda de apuestas similar al "flop" y "turn", con la diferencia de que si aún quedan dos jugadores o más, llega el momento del *"showdown"*[15], es el momento de mostrar las cartas y determinar quién es el ganador de la mano.

Hemos descrito, con suficiente detenimiento, aunque sin llegar a ahondar en los detalles de las rondas de apuestas, cómo se juega una mano en el póker. Con esto, esperamos que el lector tenga una idea de la dinámica en el Texas Hold´em, variante del juego de póker que se juega con más aceptación en los casinos y salas de apuestas online. Dejamos para ilustrar en la siguiente imagen, las posiciones relativas en una mesa de póker.

3.- Posiciones en la mesa de póker. Tomado de:
http://escueladepokermadrid.es/

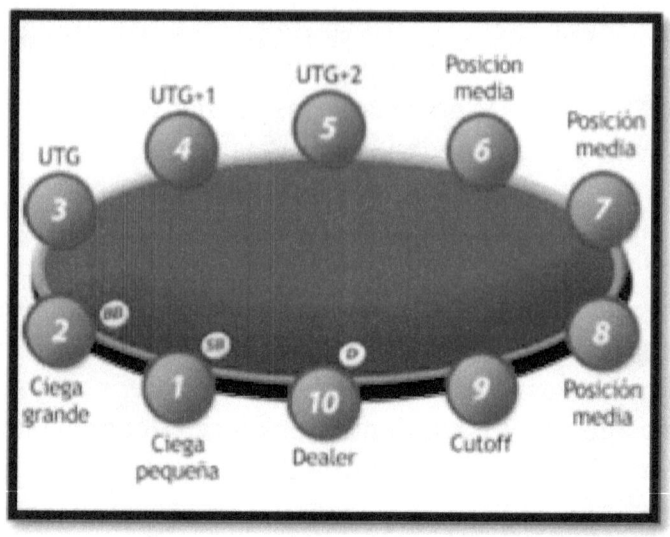

* * *

ANALOGÍAS ENTRE EL PÓKER Y EL LIDERAZGO POSITIVO.

Hasta ahora, ya tenemos idea de qué va el póker y hemos explicado con cierta brevedad el liderazgo, aunque aún nos falte entender muchos más aspectos relacionados con el liderazgo positivo, puesto que la mayoría de las referencias bibliográficas y los cursos a nivel universitario nos hablan del liderazgo, pero nada dicen sobre el liderazgo positivo.

El juego de póker es una actividad que bien puede ser tomada recreacionalmente, es decir, que lo practiquemos muy de vez en cuando, sin embargo, como ya hemos explicado anteriormente, existen jugadores que estudian cada una de sus partes de forma más detenida, estos jugadores son los llamados semi-profesionales y luego están los más avezados, estos son los jugadores profesionales.

En nuestro caso es importante tener en cuenta que las organizaciones y sociedades actuales exigen profesionales líderes que puedan, con su experiencia y habilidad, hacer avanzar a las mismas hacia un curso de desarrollo que permita la expansión de éstas. Es de destacar que de los líderes se espera que puedan hacer avanzar sociedades completas, organizaciones, de todos los tamaños y en sus hombros está el devenir del nuevo mundo, algunos se atreven a llamarlo nuevo orden mundial, nosotros simplemente preferimos entender que el mundo necesita líderes positivos que hagan del desarrollo sustentable la forma de avanzar en nuestras organizaciones y sociedades.

Pero primero el líder debe formarse, así como un jugador de póker profesional, el liderazgo del futuro debe prepararse continuamente en todos los sentidos. Hay que entender que en el mundo existe una dinámica muy complicada en las relaciones comerciales, sociales, organizacionales, etc., para ello el líder debe estar preparado.

El póker es un juego de información incompleta y he aquí una de las características fundamentales que son análogas al liderazgo. Aunque muchos autores y varias referencias bibliográficas consultadas utilizan el juego del ajedrez, por ejemplo, para desarrollar estrategias de liderazgo, la diferencia fundamental radica es que en la vida real, tanto en organizaciones como en sociedades en general, la información que usted posee sobre su "enemigo" o competencia es incompleta y muchas veces hasta errónea. En el juego de ajedrez usted puede ver como su rival mueve las piezas y tiene una perspectiva certera de sus movimientos, en cambio, en el póker; aún sin ser considerado un deporte, principalmente porque el ingrediente importante del que se alimenta es la apuesta, y esto es algo en lo cual estamos en desacuerdo, pero no lo vamos a discutir por ahora; usted tiene sus dos cartas en la mano y se enfrenta no sólo a uno, sino hasta a nueve rivales al mismo tiempo, además no conoce las cartas que tienen y en las rondas de apuestas, usted no sabe a ciencia cierta si su rival tiene una mejor mano que usted, debe "leer" previamente sus movimientos, observar con detenimiento las acciones que va ejecutando y al mismo tiempo observar qué estrategias puede usar usted para poder ganar el bote principal.

En el liderazgo ocurre lo mismo, usted sabe qué estrategias

aplicar para llevar adelante a su organización, a su sociedad, a su familia, etc. En el camino se le van a presentar obstáculos, retos difíciles de sortear que usted no sabía pero que podía prever, incluso se encontrará con uno que otro enemigo que buscará evitar que usted logre sus objetivos.

En el póker la idea principal, cuando se juega un torneo, es ganar el premio máximo, pero para ello, todos los participan inician con la misma cantidad de fichas[16] y poco a poco se irán eliminando los jugadores hasta quedar algunos pocos que competirán por ganar la mayor cantidad de dinero del torneo, la idea principal no es ganar todas las manos, sino las necesarias para poder llegar hasta el final del torneo. Las manos son como micro batallas que usted pelea y busca ganar para ganar la guerra, lograr sus objetivos. Lo mismo ocurre en el liderazgo, usted no está sólo en una organización, tampoco en la sociedad, ni en la comunidad donde usted se desenvuelve, y tampoco sabe a ciencia cierta las estrategias que pueden aplicar para evitar que usted logre sus objetivos, recuerde que se puede hacer una idea, con su habilidad, experiencia y conocimiento previo del entorno, usted puede determinar con bastante aproximación los pasos de su rival.

En el póker además, existen diferentes formas de afrontar una mano para ganarla, no siempre el que gana una mano en póker era el que tenía las mejores cartas, incluso quienes tienes las peores manos, si han sido bastante cuidadosos para "leer" a sus rivales y entienden el "momentum", pueden quedarse con el bote principal de una mano si hacen un buen "bluff"[17]. Esto introduce una dificultad adicional en el juego de póker, entender el juego, pasa también por entender a tus rivales, saber si en algún momento un rival te está haciendo "bluff" o poder hacer tú mismo "bluff" para quedarte con el bote principal de la mesa.

En el liderazgo algo similar ocurre, sobre todo en las esferas altas del poder, sin embargo, en medio del ascenso, la aplicación de estrategias de engaño son muy comunes.

Antes de que Hitler ascendiera al poder como Canciller de Alemania en 1933, el dictador alemán se presentaba como un verdadero demócrata que se preocupaba por los intereses de su nación, de los pobres y más desfavorecidos. Intentaba convencer al pueblo alemán de su propósito de mejorar la economía de la vilipendiada república germánica y buscaba en el orgullo de los alemanes la buena fe de los votantes cuando en 1932 fue rival de Hindenburg por la presidencia de Alemania y, aunque en ese momento no ganó, sentó las bases para que buena parte del pueblo confiara en él y sus rivales los menospreciaran. De hecho, a finales de 1931, Hindenburg en una reunión con el canciller de ese momento, Brüning, realizó la siguiente afirmación sobre el que sería unos años más tarde el dictador alemán: *"...el cabo bohemio, era un curioso personaje que podría llegar a ser un Ministro de Correos, pero ciertamente no un Canciller..."*. Así pues que de esta manera Hitler se supo camuflar muy bien tanto de sus oponentes, como del propio pueblo. Más tarde, una vez alcanzada la cancillería y luego siendo el Führer, sus estrategias cambiaron completamente, ya tenía el poder, era el líder, por esto es que resultaba innecesario seguir haciéndose pasar como una inocente oveja de rebaño.

Hitler, no es para nada la visión de liderazgo positivo que queremos resaltar, es el culpable de la muerte de más de 50 millones de personas en la década del 40 del siglo pasado, pero es un buen comienzo para indicarle a usted, que existen liderazgos negativos, líderes que llegan a las esferas del poder sólo por avaricia y ansias de controlar. El liderazgo positivo se basa en los líderes que dominan todas las estrategias para alcanzar sus objetivos pero en beneficio de sus seguidores, la búsqueda del bien común debe ser el fin último de ellos y a fin de cuentas, debemos incentivar el desarrollo de liderazgos que promuevan el progreso constante en su entorno.

Aunque en la actividad del póker usted se encuentra jugando sólo con sus cartas frente a otros contrincantes y además es una actividad que se juega de forma individual, lo importante aquí es alcanzar pequeñas metas que lo vayan conduciendo al logro del objetivo principal, ganar el torneo que se está jugando.

Respecto al liderazgo positivo, esto es importante, primero porque usted debe implementar estrategias certeras que lo lleven a consagrarse como un líder indiscutible, ganar el respeto tanto de sus seguidores como de sus oponentes, si los tuviera, es fundamental para avanzar en el cumplimiento de sus metas.

El póker es una actividad –aún no le digamos deporte- de habilidad, aunque juega el azar, la habilidad es la cualidad principal que determinará su éxito o fracaso en las mesas de cualquier torneo que usted juegue. Por supuesto, la habilidad se gana con experiencia, con estudio y desarrollo de estrategias ganadoras, pero es muy importante ponerlas en prácticas, el póker y el liderazgo positivo se basa en la capacidad de llevar adelante la mayor cantidad de estrategias ganadoras posibles para lograr sus objetivos. En el liderazgo, así como en la vida, el azar también es un componente importante, pero no lo es más que la habilidad que cultive usted para alcanzar sus metas. En el último capítulo de este libro, ahondaremos en el tema del azar que interviene en cualquier etapa de nuestra vida personal y profesional.

Una vez entendidos algunos principios tanto del liderazgo como del póker, es momento de avanzar y adentrarnos en las estrategias del póker y el liderazgo positivo.

CAPÍTULO II.

Consideraciones iniciales

TU POSICIÓN EN LA MESA. *TU POSICIÓN COMO LÍDER.*

Ya sabes cuáles son los fundamentos del póker y eso es un buen inicio, pero no es suficiente. Hemos dicho que el póker es un juego de habilidad y esta se gana con la práctica constante. Muchas personas alrededor del mundo aún consideran al póker como juego de suerte y, ciertamente, en el juego se encuentra involucrado un ingrediente de suerte, pero no lo es todo, de hecho, esta suerte no es más importante que ser hábil en las mesas.

Antes de empezar un torneo de póker, debes sentarte en la mesa y, antes de la repartición de cartas ya estás observando a tus rivales. Aunque en el juego online no lo puedas hacer, cuando juegas en casinos y alguno que otro club si tienes esta posibilidad. El conocimiento al que nos referimos aquí, se trata del aspecto conductual de tus rivales, debes observarlos detenidamente y aprender cómo se comportan, esto es muy importante a la hora de entrar en juego con las apuestas, puesto que las personas con presión actúan de manera diferente, así conoces a tus rivales, incluso cuando hayas abandonado una mano en particular.

En la última parte del capítulo anterior, te mostramos las posiciones en la mesa de póker y como pudiste observar, todas tienen nombres particulares. Estos nombres tienen importancia específica en la mesa y cada una tiene características propias, algunas tienen una ventaja relativa frente a otras.

Hay que tener en cuenta que las posiciones en la mesa, no se refiere al asiento que estás tomando, nos referimos al nombre de la posición. En cada mano, los jugadores van cambiando de posición, es por ello que todos los jugadores, van a estar en alguna posición en particular en algún momento. Repetimos, no se supone que vayan a pararse de su silla y cambiar con otro jugador su lugar, nos referimos al nombre de su posición, ésta cambia con cada mano en el sentido de las agujas del reloj.

En el póker, como habrás visto, existen las siguientes posiciones: Ciega Pequeña / Ciega Grande / UTG / UTG +1 / UTG +2 / Posición Media / Posición Media +1 / Posición Media +2 / Cutoff / Botón. Son diez posiciones específicas que determinan cuándo te toca hablar en la mesa, dicho de otro modo, cuándo te toca entrar en acción. Para efectos de aprendizaje las agruparemos y formaremos en 4 grandes divisiones:

1.- Las Ciegas (Incluye la Ciega Pequeña y la Ciega Grande)

2.- Posiciones Iniciales (Incluye UTG, UTG +1 y UTG +2)

3.- Posiciones Medias (Incluyen Posición Media o PM, PM +1 y PM +2)

4.- Posiciones Finales (Cutoff y Botón o Dealer).

Para explicar las posiciones, no vamos a respetar el orden en el que juegan, de hecho vamos a comenzar por lo que son las *Posiciones Finales,* las cuales incluyen el Cutoff y el Botón o Dealer.

Comencemos por la posición preferida de todas, el botón, *"bottom"* o *"dealer".* Si le preguntas a un jugador de póker qué posición preferiría jugar siempre, sin duda alguna te diría que en el botón. Pero, ¿Qué tiene de especial esa posición que todos la quieren? Pues que en esa posición te toca "hablar" de último, es decir, una vez que todos los jugadores han decidido abandonar la mano, pasar, apostar, subir o re-subir, es momento de que hable el botón. Esto tiene una especial ventaja puesto que te ha permitido observar los movimientos de tus rivales y si además ya los has conocido por jugadas anteriores, entonces te resultará mucho más productivo ser el último en hacer una jugada, recuerda que la información es poder.

❋ ❋ ❋

EL CUTOFF.

Este término en el póker nos indica la ruptura de las posiciones o división entre los que hablan primero y los últimos. Se encuentra a la izquierda del jugador PM +2 pero a la derecha del

Botón. Tiene importancia relativa puesto que en el juego post-flop es quien habla de penúltimo y su importancia casi se iguala con la del botón. Junto al *"dealer"* o botón se encuentra clasificado dentro de las posiciones finales. Al igual que su posición sucesora, tiene la ventaja de ver la acción de casi todos los jugadores en la mesa, por lo cual el rango de manos para poder actuar es mucho más amplio que la de los jugadores que hablaron primero que él.

❅ ❅ ❅

JAPÓN Y EL ATAQUE A PEARL HARBOR.

Una mañana de domingo tranquila, un 7 de diciembre de 1941, la Armada Imperial Japonesa, ataca de forma sorpresiva a la base naval de los Estados Unidos en Pearl Harbor. El ataque inició a las 7:48 a.m. y se efectuó con 353 aeronaves japoneses logrando dañar a 8 acorazados estadounidenses en puerto, aunque más tarde, dos de ellos fueron reflotados y cuatro reparados, por lo que se lograron recuperar seis de ocho. Los americanos también vieron perder 188 aeronaves y 2403 estadounidenses.

Esto enfureció, como era de esperarse, a los norteamericanos y al día siguiente, el 8 de diciembre de 1941, los Estados Unidos le declaró la guerra a Japón. La molestia norteamericana también estaba basada en que los asiáticos no habían hecho una declaración formal de guerra, ni habían roto las negociaciones que se llevaban a cabo en esa época entre estos dos países. Esto permitió que el apoyo interno en los Estados Unidos a la no intervención en la Segunda Guerra Mundial, que había sido fuerte, se desvaneciera.

Los americanos progresivamente se fueron preparando y muchos, dentro del territorio americano estaban motivados a pelear, sobre todo por el orgullo. Finalmente, los Estados Unidos "hablaron" de último en la guerra al ingresar en Europa y ser uno de los aliados más importantes para Gran Bretaña y Francia en la derrota contra el imperio nazi que amenazaba con seguir expandiendo su terror. Como colofón, los americanos nunca olvidaron su venganza particular contra Japón y el 6 y 9 de agosto de 1945, dejaron caer las dos bombas atómicas en Hiroshima y Nagasaki respectivamente que cobró la vida a casi 250.000 personas obligando al emperador japonés Hirohito a firmar la rendición.

* * *

EL BOTÓN / CUTOFF EN EL LIDERAZGO POSITIVO.

Dice un refrán muy popular que "el que ríe de último, ríe mejor". En los estudios de liderazgo siempre nos han enseñado que llevar la iniciativa es típico del liderazgo, es una de las características clásicas de un buen líder. Pues bien, como aprenderemos más adelante, hay que saber desempeñarse actuando en cualquier posición.

No siempre tendremos la oportunidad de tener la iniciativa, incluso si la tenemos, no siempre es bueno aplicarla. Esperar a que los demás accionen, y aquí incluimos a competidores, colegas, rivales, compañeros, jefes, subordinados, etc., da una ventaja competitiva relevante para poder observar el panorama general y el desempeño de tu entorno.

Dentro de nuestras sociedades nunca estamos solos, siempre hacemos vida social con otros entes y personas, es por ello que es crucial poder verlos y detenernos a evaluar su comportamiento. Si trabajamos para una organización que quiere involucrarse en un nuevo nicho de mercado que se está abriendo, una ventaja que podríamos tener es observar el desempeño de otros en ese nicho. Nos permitiría sacar información, podemos saber si nos conviene y en caso de que tomáramos la decisión de involucrarnos, nos permite asimismo generar estrategias avanzadas respecto a nuestros rivales. Actuar una vez que otros han hecho lo propio también nos puede servir para evitar chascos o ingresar en negocios no rentables.

* * *

UNDER THE GUN.

Todos los jugadores UTG (UTG, UTG +1 y UTG +2) son aquellos que están agrupado en las denominadas posiciones iniciales. El primer jugador a la izquierda de la ciega grande es el UTG, llamado así por las primeras letras de Under The Gun, y antes del *"flop"*, es el primero en "hablar", es decir, en actuar antes que sus otros compañeros. El término refiere a la presión que tiene ésta posición en aplicarse para hacer la primera jugada.

Generalmente en póker se realizan algunas consideraciones cuando estás en esta posición. Resulta que algunos jugadores profesionales sugieren jugar *"tight"*[18] aquí puesto que aún falta que varios jugadores actúen o "hablen". Esta posición tiene una desventaja adicional y es que se sugiere que se abandone la mano con cartas que en otra posición el jugador de póker se atreviera a apostar del tipo K+10 o algunas peores.

Se supone que cuando en estas posiciones decides atacar, es decir, aumentar la apuesta, es que tienes una mano con suficiente fuerza para ir adelante, o que por lo menos, tienes una ventaja significativa de entrada.

A medida que "avanzas" en las posiciones iniciales, es decir, pasas de UTG a UTG +1 y luego a UTG +2, el rango de manos con el cual puedes apostar se va abriendo, lo cual te permite tener un radio mayor de acción, pero en todo caso, debes recordar siempre que aún falta más de la mitad de los jugadores por "hablar" y en caso de que hayas apostado con una mano mediocre, si algún jugador te sube la apuesta, deberás considerar seriamente abandonar la mano, con lo cual, habrás perdido las fichas apostadas. En este caso, consideraremos a UTG, UTG +1 y UTG +2 en el mismo grupo inicial.

❋ ❋ ❋

EL SERVICIO DE ENCOMIENDA NOCTURNO.

En 1970 a Fred Smith se le ocurrió la idea de crear una empresa que llevara encomiendas horas de la noche, en ese entonces a la mayoría de las personas le pareció una locura, pero Fred continuó adelante. Esto permitió que, 13 años después, Fred y su empresa, la no tan desconocida FedEx se convirtiera líder en el sector de las encomiendas, además de facturar más de mil millones de dólares anualmente.

Resulta que en este caso, Fred tuvo la capacidad e iniciativa de ver un mercado que nadie había visto y, como lo indican algunas sugerencias de los jugadores profesionales en el póker, si usted tiene buenas cartas, debe subir la apuesta. Fred sabía que había un nicho de mercado al cual atacar y que estaba necesitado de estos servicios, por eso aumentó la apuesta y esto le sirvió para hacer que su empresa liderara el sector de los envíos unos años más tarde y aún hoy siga siendo de las empresas más significativas en la industria. Contrario a lo que le ocurrió a Japón en la Segunda Guerra Mundial, Fred sí tenía los recursos controlados para liderar el mercado y con ello ser referencia en el envío de paqueterías a nivel nacional e internacional.

* * *

LA INICIATIVA EN EL LIDERAZGO POSITIVO.

Ya hemos indicado que muchos gurús del liderazgo nos sugieren que todos los líderes deben tener la iniciativa y, también hemos hecho la aclaratoria de que esto va a depender de la posición en que te encuentres. No siempre el dicho *"el que pega primero pega dos veces"* se puede aplicar en la vida real. Sin embargo, ciertamente existe un beneficio de tener la iniciativa cuando nadie se ha atrevido a dar el paso y además tú tienes "buenas cartas" en la mano, es decir, así como hizo Fred, si tú has logrado ver el nicho de mercado que te interesa, y la organización que representas posee buenos recursos para afrontar el reto de ingresar allí, entonces es un buen momento para tomar la iniciativa.

Otro aspecto positivo de aplicar estrategias precursoras de nuevas ideas, es que eso te hace pionero, lo que además tiene como ventajas adicionales que si haces una buena gestión, tus competidores y el entorno te seguirán, pero lo harán detrás de ti y estar a la vanguardia en un mercado siempre supone una clara ventaja competitiva.

* * *

POSICIONES MEDIAS (PM).

Luego de haber pasado las posiciones UTG, UTG +1 y UTG +2, le toca el turno a las denominadas Posiciones Medias (PM). Tienen relativa ventaja y un rango de manos mayor que las posiciones UTG o iniciales por estar después de ellos, pero deben aún considerar que faltan por accionar las posiciones finales y, si te encuentras más temprano en cualquiera de las tres posiciones media, tendrás más desventaja frente a tus rivales.

Sin embargo, un buen conocimiento de la mesa te puede ayudar a focalizar tu juego y en esta posición puedes jugar cómodo si te lo propones y sabes que los competidores en las posiciones finales son amateur o con poca experiencia. Una buena lectura te puede proporcionar una ventaja significativa en la mesa.

* * *

¿CÓMO ACTUAR EN POSICIÓN MEDIA EN LIDERAZGO POSITIVO?

Es difícil determinar en nuestro papel como líderes dentro de una organización o sociedad cuándo estamos en posición media, sin embargo, viendo en retrospectiva, sí podemos hacer un análisis posterior de algunas situaciones por las cuales hayamos pasado y en donde tuvimos que tomar alguna decisión en particular.

Los procesos en las sociedades y organizaciones son continuos y existe una interacción constante con el entorno por lo cual, al líder de éstas, le resultará difícil determinar cómo actuar en ciertos casos. Tanto cuando estamos en posiciones iniciales como en finales es fácil asumir alguna acción, pero cuando estamos hablando de posiciones medias es muy complicado asegurarlo o verlo en el mismo momento.

Es por ello que, si el líder determina que se encuentra en esta posición media, bien puede evaluar qué han hecho sus predecesores y cuando conoce con cierto grado de seguridad a los que podrían actuar después de él, digamos en las acciones concretas para dirigir a la organización hacia un nuevo paradigma de responsabilidad social, por ejemplo, se pueden realizar algunas modificaciones para poder despistar y seguir con la ventaja competitiva.

❊ ❊ ❊

LAS CIEGAS.

La posición de las ciegas (Ciega Grande y Ciega Pequeña) sólo ocurre en el juego *"preflop"*[19], luego de esto la Ciega Grande pasa a jugar como si fuera UTG + y la Ciega Pequeña UTG. En el juego *"preflop"* las ciegas tienen la ventaja de jugar de penúltimo (Ciega Pequeña) y último (Ciega Grande).

Esto las pone en un punto de ventaja, sin embargo, por ser precisamente las ciegas o apuestas obligatorias, ellas son las que depositan las primeras cantidades de dinero en el bote de manera obligatoria. Así que la aparente ventaja que tenían por ser las dos últimas en hablar se diluye con estas apuestas, a no ser que las manos que le hayan tocado sean relativamente buenas y que, además nadie haya subido en apuestas para mantenerse en el juego.

Imagine usted que le toque la peor mano posible en el póker (7 – 2) y se encuentra en la Ciega Grande. Pues, en ese momento le tocará abandonar si alguien después de usted aumenta su apuesta o le tocará pasar, en el mejor de los casos, si sólo hacen *"call"*. *Aunque hay algunos expertos del póker que sugieren algunas tácticas im-*

portantes en la defensa de ciegas, al ser éste un tema más avanzado lo pasaremos por alto.

En todo caso, las ciegas tienen esa doble cara de la moneda. Es decir, se comportan como "posiciones finales" en el juego *"preflop"* y como "posiciones iniciales" en el juego *"postflop"*[20], con el añadido de que deben ingresar dinero en el bote de manera obligatoria.

* * *

LA FRANCIA LIBRE DE CHARLES DE GAULLE.

En junio de 1940, el general Charles de Gaulle es obligado a exiliarse en Londres luego de que éste constatara que el gobierno de su país, en ese entonces liderado por Phillipe Pétain y con el apoyo del colaborador nazi Pierre Laval, dejaría de combatir las fuerzas alemanas que se encontraban ocupando el territorio francés.

El 18 de junio, desde Londres, De Gaulle hace un llamado a la población francesa a resistir la ocupación y continuar su lucha ante el imperio nazi. Desde allí asumió el mando de lo que él llamaría la Francia Libre o Francia Combatiente.

Desde el exilio, De Gaulle dirigió un gobierno que buscaba la unidad francesa en contra de los invasores alemanes, era continuo su llamado a seguir luchando y combatiendo en la guerra. Esta visión, quedó plasmada en su libro L´Appel, que escribió entre 1940 y 1942.

A pesar de mantener relaciones distantes y casi conflictivas con los gobiernos del Reino Unido y los Estados Unidos, De Gaulle dirigía el gobierno en el exilio y las fuerzas combatientes de éste con tanto afán que ganaba el respeto de los aliados. En 1944, luego que estos últimos pusieran fin a la ocupación francesa de parte de los nazis, De Gaulle se erigió como líder indiscutible de la resistencia y se convirtió en el Jefe del Gobierno Provisional de la República Francesa. De Gaulle, introdujo una política económica en la cual el Estado tenía un control sustancial de los sectores económicos del país y lo priorizó antes que la economía capitalista que, dada las circunstancias en las cuales se encontraba Francia para ese entonces, no llevarían a ningún beneficio. Esto permitió que de 1944 a 1974, Francia pudiera tener un continuo crecimiento de su economía. Los franceses lo llamaron "Los Treinta Gloriosos".

* * *

EL LIDERAZGO POSITIVO EN POSICIÓN "CIEGA".

¿Se puede actuar con desconocimiento? Para el liderazgo positivo esto es una contradicción, nunca podemos actuar sin conocimiento del entorno, de nuestra posición ni de nuestros rivales, competidores, aliados, etc. Cada información que tengamos nos da poder y nos permite tomar medidas y decisiones cada vez más acertadas.

Pero, a veces es el mismo entorno que nos empuja a actuar, nos obligan a tomar alguna decisión en concreto. Así como el general De Gaulle, que tuvo la capacidad de reordenarse en el exilio, mientras lo obligaron a abandonar el campo de batalla y su país, así mismo debemos nosotros reorganizarnos en caso de que nos coloquen en una situación incómoda por alguna circunstancia en particular. La capacidad de poder amoldarnos y tomar control de nuestras situaciones nos hará más poderoso frente a los demás y nos permitirá crecer personal y profesionalmente.

En definitiva, en póker se dice que mientras tienes posiciones más tempranas el rango de manos para poder apostar es más corto, por el contrario, estando en posiciones finales, el rango de manos para poder actuar en la mesa es mucho más amplio. La razón ya la sabemos: Información, a mayor información, mejor ventaja competitiva tenemos, lo mismo ocurre en el liderazgo positivo, utilizamos la información para poder posicionarnos con cierta ventaja y obtener los mayores beneficios para nuestra organización y colaboradores.

* * *

LOS RIVALES. *LOS PROTAGONISTAS DE TU ENTORNO.*

Has entendido el proceso del juego, ya sabes cómo jugarlo y algo muy importante, sabes que no lo juegas sólo. El entorno siempre afecta nuestras decisiones como líderes y en la mesa de póker no es distinto.

Los rivales son aquellos jugadores que están con nosotros en una mesa de póker, pero además, en los torneos, son aquellos que se encuentran en otras mesas, no los vemos, pero están jugando en simultáneo con nosotros para poder llevarse el premio mayor.

Digamos que estás jugando en una mesa de la que denominan de "*cash*"[21], tienes a ocho jugadores sentados en la mesa contigo, ellos representan todos los rivales posibles para enfrentar. Sólo el que más dinero tenga al final, podrá ganar. También es posible levantarse de la mesa en cualquier momento, se esté perdiendo o se esté ganando, eso no importa, en cambio, durante un torneo, no sólo los que están contigo en la mesa son tus rivales. Podemos denominarlos como "rivales directos", pero esto es una fracción de la cantidad de competidores que se encuentran en el torneo, es aquí donde te das cuenta de la inmensidad del universo del torneo. Sin embargo, el enfoque debes prestarlo siempre a los rivales más cercanos, pues la información más cercana y precisa la tienes de ellos. De nada te va a servir preocuparte por otros rivales a los cuales no estás observando.

* * *

LOS RIVALES EN LAS GRANDES LIGAS.

En el béisbol estadounidense, las grandes ligas, existen 30

equipos que año tras año compiten para llevarse el trofeo de la Serie Mundial, el campeonato de la MLB. Los equipos están agrupados en dos grandes ligas: La Liga Americana y la Liga Nacional con 15 equipos cada una. Al final de temporada, el mejor equipo de cada Liga se enfrentará en una final al mejor de siete encuentros que, generalmente se lleva a cabo a finales de octubre o principios de noviembre.

Cada equipo, participa en 162 juegos y cada una de las ligas se divide en tres partes correspondientes a la zona del país que representa el equipo (División Este, División Central y División del Oeste), y tienen 5 equipos cada una. El equipo con mejor récord de ganados y perdidos de cada división pasa a la post-temporada y un cuarto equipo se erige al ganar un juego adicional llamado "wild card" o juego del comodín, estos equipos son los dos equipos con mejores records de la liga y que no pudieron ser campeones de división. Así pasan un total de cuatro equipos que juegan las finales de división, los dos equipos ganadores juegan las finales de campeonato y finalmente, como ya dijimos, el campeón de cada liga, pasa la "Serie Mundial".

Al igual que ocurre en póker, las divisiones son como las "mesas" de póker donde juegas con algunos rivales y vas avanzando hasta llegar a las instancias finales. Los demás equipos, de otras divisiones e incluso de la otra liga, también son rivales pero lo son de forma indirecta, porque aunque no jueguen directamente en tu división, forman parte del campeonato anual de béisbol y, al igual que cualquier equipo, estarán batallando por ser los campeones de la "Serie Mundial".

* * *

LOS RIVALES EN EL LIDERAZGO POSITIVO.

Hesíodo, un poeta griego que vivió entre el siglo VIII y VII A.C., indicaba que *"la rivalidad es una cosa buena para los mortales"*. Ciertamente, hay una relación directa entre los rivales y el mejoramiento de las capacidades de los individuos dentro de la sociedad como líderes.

Esto lo vemos también en la propia naturaleza, los rivales permiten que las capacidades de los competidores mejoren, las estrategias cambien, evolucionen con el pasar del tiempo.

En la interacción con la sociedad, los líderes positivos deben conocer a sus competidores, incluso a sus potenciales competidores, aquellos que aún no entran en el mercado, pero tienen serias aspiraciones de hacerlo en el futuro cercano. Dependiendo de los movimientos que éstos hagan, es posible adaptar las estrategias para poder mantenerse o escalar posiciones.

De estas situaciones sacan provecho los políticos. En este ámbito, el político que gobierna a una nación o incluso a una región de un país, entiende bien quiénes son sus oponentes, pero también sabe con certeza quiénes serán los futuros candidatos al puesto que ostenta. Por ello, realiza esfuerzos para estudiar a éstos últimos, se realizan investigaciones de carácter personal y profesional para conocerlo mejor y optar por mejores estrategias.

Si usted fuera un posible candidato a ser el líder de una nación o de alguna región de una nación, sería muy provechoso tener la mayor información posible sobre sus oponentes y sobre el liderazgo actual. Si el líder actual, por ejemplo, no ha aplicado algunas acciones sobre la seguridad social, el empleo, la educación, etc., éste sería un buen punto al cual atacar por parte suya. Es decir, sus políticas deberían centrarse en los aspectos que no han sido aplicados por el líder actual.

Es posible que dentro de su organización, el líder actual de un departamento esté gestionando al mismo con ciertas dificultades. Si usted se encuentra entre los candidatos para ser su sustituto, una buena estrategia sería verificar con detalles las pautas que aún no se han cumplido dentro del departamento actualmente, o cómo no, si usted ha pensado en aplicar algún tipo de estrategia que aún no ha sido aplicado hasta el momento, es una buena ocasión para implementarla dentro de su estrategia general, esto lo hará destacar entre los candidatos y lo hará resaltar su papel de líder.

Los rivales nos permiten ser mejores personas y mejores profesionales dentro de nuestras sociedades y organizaciones donde nos desenvolvemos. En el liderazgo positivo, no se alienta una cultura de enfrentamiento sino, por el contrario, de continua sinergia, resulta que siempre ha sido provechoso para la mayoría de las personas que viven en una sociedad u organización la colaboración entre los líderes actuales y futuros. El desarrollo que se tiene al respecto es mucho más provechoso para más cantidad de personas que haciendo estrategias solitarias y de conflicto directo con los rivales.

La rivalidad debe verse como una pelea sana entre pares que buscan la mejora continua de sus organizaciones. En el póker los rivales nos hacen mejores competidores, en la sociedad, los rivales nos hacen mejores personas y profesionales de éxito y además nos permiten enfocarnos en el mejoramiento de las condiciones de la mayor cantidad de personas porque estaremos enfocados en la mejor acción posible para el grupo en su conjunto y no en solitario.

❋ ❋ ❋

LAS FICHAS Y TU "STACK". *TUS RECURSOS DISPONIBLES.*

En el póker, las fichas representan tu poder, éstas son el fiel reflejo de tu desempeño a lo largo de tu travesía en las mesas. Cuando entras a jugar en las mesas de *"cash"* lo haces con el dinero que deseas apostar, éste aumentará o disminuirá según tu desempeño en la mesa. Cuando se trata de torneos multimesa, es decir, donde se encuentran participando más de una mesa, los jugadores ingresan a dicho torneo con la misma cantidad de fichas. Pagan una entrada y por ello le dan una cantidad determinada de fichas. Al final, los jugadores con más cantidad de fichas son los que ingresarán en los puestos premiados.

En las mesas de *"cash"* un jugador puede ingresar y salirse en cualquier momento siempre que haya asiento disponible, sin embargo, esto no ocurre en los torneos, ya que generalmente existe un tiempo determinado para que los jugadores puedan inscribirse, culminado este tiempo, ya los jugadores no podrán inscribirse y los que queden eliminados, no podrán reingresar de nuevo en el torneo.

El comportamiento de un jugador en una mesa de póker también depende del *"stack"*[22] que tenga, aunado al *"stack"* de los otros jugadores. Esto se da así porque tienes mayor poder de decisión, puedes arriesgarte a jugar con manos mediocres ya que posees suficientes recursos que, en el caso de perder, no disminuirían demasiado tu participación. A su vez, esto te permite hacer presión sobre los otros jugadores de la mesa con los cuales estás jugando el torneo o la mano en particular.

Pero, ¿Cómo logro presionar a mis rivales sólo por tener un amplio *"stack"*? Digamos que estás en un torneo y te ha ido bien, tienes 10.000 fichas y tu rival más cercano tiene unas 4.500. Llevas una buena ventaja respecto a las fichas y debes aprovecharla. Te reparten las cartas y tienes una pareja mediocre, tal vez 6 – 6 y además estás en las posiciones iniciales. Puedes aprovechar las ventajas de tener una gran pila de fichas para "robar"[23] las fichas de tus rivales o conseguir presionarlos a que paguen por ver un *"flop"*. Si en la subida de apuesta que tú hagas, algún jugador hace *"call"* es porque debe tener una buena mano, en ese caso, igual tienes oportunidad de ver el *"flop"* y podrás buscar ligar otro 6 que te permita armar un trío, o tal vez ninguna carta del *"flop"* coincida con la de tu rival, por lo que cualquier presión adicional que mantengas puede terminar en un abandono y eso te hará ganar más fichas. En el peor de los casos, podrás evaluar cuántas fichas quieres arriesgar si perdieras esa mano. En cambio tus rivales, deberán pensar dos veces antes de entrar a jugar, una apuesta que tú hagas de 500 fichas por ejemplo, representaría para ti un 5% de tu pila, pero para tu rival que tiene, digamos 2000 sería un 25%, eso es mucha diferencia. Es por ello, que manejarse bien con el *"stack"* puede ser beneficioso para ti.

* * *

ADMINISTRACIÓN DE RECURSOS DURANTE LA PRIMERA GUERRA MUNDIAL.

Cuando la Primera Guerra Mundial inició el 28 de junio de 1914, Alemania gozaba de una solvencia económica envidiable y su imperio junto con el imperio austro-húngaro, quienes también gozaban de gran riqueza económica, formaron la denominada Triple Alianza de las "Potencias Centrales" de Europa.[24]

Estas tres naciones iniciaron el conflicto en contra de otra alianza de tres países denominadas la "Triple Entente" conformadas por Reino Unido, Francia y el Imperio Ruso. Una vez entrados en pleno desarrollo de la guerra, a ambas alianzas se le unieron otros países. A la Triple Alianza se le unió el Imperio Otomano y el Reino de Bulgaria mientras que a la Triple Entente se integrarían Italia, el imperio del Japón y los Estados Unidos.

El inicio de la guerra tuvo como génesis el asesinato en Sarajevo del archiduque Francisco Fernando de Austria por parte de Gavrilo Princip, un joven nacionalista serbio. Luego de la crisis diplomática que se desató entre el imperio austro-húngaro y el Reino de Serbia, varias alianzas que se habían forjado décadas anteriores se vieron involucradas y semanas más tarde, algunas potencias europeas estaban envuelta en lo que se iba a denominar durante un tiempo la "Gran Guerra".

Tomar la decisión de ingresar a la guerra por no llevar adelante una efectiva estrategia diplomática, trajo consecuencias nefastas a todas las naciones y los ciudadanos de éstas involucrados en el conflicto, pero tuvo mayor repercusión en las naciones perdedoras. Al finalizar la guerra, Alemania había perdido más de un millón y medio de soldados, el imperio ruso que movilizó a casi 12 millones de hombres a la guerra, perdió más de un millón ochocientos mil hombres. El reino austro-húngaro perdió 1 millón 500 mil hombres de los casi 8 millones que envió.

Adicionalmente, el bloqueo naval que le impusieron a las potencias centrales produjo que sólo en Alemania perecieran por hambre entre 400 y 700 mil personas. Luego, en el tratado de Versalles firmado el 28 de junio de 1919 por el segundo Reich alemán y los aliados de la Primera Guerra Mundial, las naciones vencedoras impusieron durísimas sancionas económicas a los germanos. Entre ellos estuvieron la entrega de más de 1400 toneladas métricas de los barcos mercantes alemanes a las naciones vencedoras y entrega de más de 200 mil toneladas de barcos anuales para restituir la flota perdida por los aliados vencedores. Entrega anual de 44 millones de toneladas de carbón, 371 mil cabezas de ganado y la mitad de la producción farmacéutica y química, la totalidad de cables submarinos, entre otros durante 5 años. Expropiación de la propiedad privada alemana en los territorios y colonias perdidas. El pago de 132 mil millones de marcos de oro (equivalentes a 31 mil 400 millones de dólares para la época) lo que equivaldría a más de 500 mil millones de dólares actuales.[25]

Todas estas sanciones económicas fueron consideradas excesivas por muchos especialistas en la materia, esto tuvo repercusión en el posterior período de hiperinflación alemán que se produjo entre 1921 y 1923 en la República de Weimar.

Como se observa, no saber administrar los recursos que se tienen al momento, puede traer graves consecuencias en el futuro, si el imperio alemán hubiera utilizado eficazmente la negociación y diplomacia, la nación no se hubiera visto envuelta en los oscuros períodos de hiperinflación sub siguientes y luego lo que trajo consigo el ascenso de los líderes más despiadados del mundo como lo fue Hitler y finalmente el advenimiento de la Segunda Guerra Mundial.

Aunque hemos enfocado la observación en Alemania, la nación más afectada, los demás países que se vieron involucrados en el conflicto también se vieron afectados en diferentes grados. Desperdiciar el poderío financiero en conflictos bélicos trae, generalmente, grandes efectos negativos a la larga. Hay que pensar siempre en el planteamiento a largo plazo. Como en un torneo de póker, no interesan las pequeñas manos, sino poder aumentar de a poco el *stack* y mantenerse en los primeros puestos hasta el final del torneo.

✳ ✳ ✳

LOS RECURSOS DISPONIBLES EN EL LIDERAZGO POSITIVO.

No puedes arriesgar todo por muy poco, debes estar atento a las circunstancias que envuelven a una situación en particular. Así como en el póker, en el liderazgo positivo, todos tenemos más o menos los mismos recursos para ascender en la escala de una sociedad u organización. El fin último no se puede olvidar, hay que llegar a lo más alto, no se pueden desperdiciar recursos en batallas o situaciones infértiles.

Debes estar consciente de cuáles son tus recursos y cómo hacer para ellos te lleven a lo más alto. Si cuentas con este conocimiento, lo que te resta es saber administrarlo, es decir, tener certeza de cuándo usarlos, esto te resultará ciertamente efectivo a la hora de escalar posiciones.

Digamos que uno de tus recursos disponibles es la simpatía que tienes con los demás. Es bien sabido que una persona simpática, es agradable, el hacerlo consciente te permite utilizarlo asertivamente para conseguir algunos objetivos. Pero, si exageras la confianza en este recurso y lo usas en momentos inadecuados, por ejemplo en plena discusión de balances de tu organización en un momento de tensión, la simpatía mal utilizada hará que proyectes una imagen poco seria, de esto hablamos cuando nos referimos a utilizar efectivamente los recursos.

Otro ejemplo muy característico es el de los líderes "parlanchines", aquellos que hablan mucho pero no dicen nada productivo. Una cosa es manejar efectivamente el arte de la palabra hablada, tener buena oratoria, trabajar en ello, te permitirá crecer como profesional y como persona en general. Pero no saber cuándo callarse por ejemplo, es un defecto que tienen muchos líderes, allí existe un desperdicio de los recursos con los cuales cuenta, causa el efecto contrario en las personas, lo hace ver egocéntrico y petulante.

La mejor herramienta es conocerse uno mismo, si usted dispone de esta cualidad, no tendrá problemas para asumir posturas en momentos idóneos. En su libro, la Inteligencia Emocional en la empresa[26], Daniel Goleman indica que *"El autodominio exige autoconciencia más autorregulación, componentes claves de la inteligencia emocional"* y esto es precisamente lo que se necesita en la búsqueda del conocerse a uno mismo, desarrollar la inteligencia emocional que todos tenemos para poder entender cuándo actuar de alguna u otra forma. Nuestros recursos pueden ser nuestros grandes aliados, pero también pueden hacernos un gran daño si no tomamos conciencia. El saber utilizarlos efectivamente, es otra de las claves para ser exitosos.

✳ ✳ ✳

EL BOTE DE LA MESA. *LOS OBJETIVOS QUE TE PROPONES.*

No ganas un torneo de póker si antes no ganas una cantidad de manos considerables que te permitan aumentar tu *"stack"* y tengas el juego dominado según se vayan dando las circunstancias. Cuando estás en una carrera de "largo aliento" o maratón, tu objetivo principal es llegar al final, la meta es cubrir todo el recorrido de la carrera, a menos que seas un maratonista curtido, profesional, con amplia experiencia y cuyo objetivo sea mucho más ambicioso, como mejorar sus marcas personales y estar dentro del podio de los tres primeros lugares, pero incluso para ello es necesario cubrir la ruta completa

En póker, esta estrategia es la que usan los profesionales del juego de cartas. Aunque nosotros apuntamos a ser mejores cada día, nuestro principal objetivo es entrar en premios. En cualquiera de los casos sin embargo, la finalidad es mantenerse en las mesas hasta el final del torneo, para ello debes acumular la mayor cantidad de fichas posibles y estar entre los lugares a los cuales le merecen un premio.

Generalmente, en los grandes torneos los premios se reparten entre el 10% y el 15% de todos los participantes. Es decir, si usted participa en un torneo donde se inscribieron alrededor de 10 mil participantes, usted como primer objetivo, debe plantearse llegar entre los primeros mil 500 aproximadamente. Mantenerse en el torneo hasta esas instancias no es muy difícil, pero debes tener constancia, concentración y persistencia. No lo vas a lograr el 100% de las veces, pero con la práctica sí que lo puedes lograr de forma constante en la mayoría de los intentos.

Como ya sabes, entre mano y mano te reparten algunas cartas y tú decides si las vas a jugar o no. Tú junto a algunos rivales irán formando el bote en la medida en que se vayan realizando las apuestas, pues debes prestar atención a ese bote ya que, dependiendo de tu mano y de ese mismo bote, es que pueden irse dando las apuestas y puedes ir subiendo o igualando una apuesta o finalmente, retirándote de la mano.

Un ejemplo clásico es aquel jugador que tiene entre sus cartas un par de ases (A – A) y en la jugada *"pre-flop"* hace una subida que se la igualan uno o dos jugadores. Al repartirse las primeras tres cartas comunitarias, aparecen A – J – 7. Obviamente, el jugador con el par de ases tiene una mano muy fuerte para apostar, pero debe ser concienzudo al momento de hacerlo. Si en el bote hay unas 1200 fichas por ejemplo, y los dos jugadores previos a él pasaron, sería una buena idea pasar ó realizar alguna apuesta pequeña, digamos un cuarto o un tercio del bote. Esta decisión dependerá de los rivales que tiene en frente. Si son agresivos, vale la pena hacer la apuesta pequeña para que ellos ingresen. Si por el contrario, son jugadores conservadores, sería bueno pasar con ellos y esperar que en el *"turn"* o el *"river"* nosotros podamos llevar las apuestas al siguiente nivel. Si algún jugador ha realizado una apuesta de entre 300-600 fichas, es una buena idea subir. Esto, por cuanto ya sabemos que el jugador debe estar pensando en armar algún *"proyecto"*[27] y con nuestra mano podemos obligarlo a arriesgarse más. Al final. La idea con nuestra mano es poder llevarnos la mayor cantidad de fichas en el bote.

Se dice que durante un torneo, un buen jugador intervendrá o jugará entre el 15% y el 25% de las manos que les repartan, es decir, abandonará más del 75% de las veces y esto ocurre por cuanto la mayoría de las veces, las condiciones no son las apropiadas para intervenir. Pero con sólo ese 15% o 25% de intervención debe ser suficiente para que usted acumule un *"stack"* lo suficientemente grande para llegar a los puestos premiados. Pero, ¿Cómo se logra eso?, justamente teniendo en mente el bote por el cual usted está jugando en cada mano.

Su misión en las manos donde usted decida jugar, es ganar en la mayoría de ellas, pero además, ganar la máxima cantidad posible, esto significa que, debe "robarle" la mayor cantidad de fichas a sus rivales en la mesa como sea posible y, adicional a eso, perder la mínima cantidad de fichas posibles en caso de no salir victorioso en cualquier mano. Maximizar ganancias y minimizar pérdidas, de eso se trata cuando ponemos en la mira el bote que hay en la mesa.

✳ ✳ ✳

LA GUERRA DE VIETNAM.

La guerra en Vietnam fue un conflicto bélico que se extendió entre el primero de noviembre de 1955 y el 30 de abril de 1975. La guerra se libró entre la República de Vietnam (Vietnam del Sur) con el apoyo de los Estados Unidos y otras naciones aliadas, y el Frente Nacional de Liberación de Vietnam (Viet-Cong) junto al ejército de la República Democrática de Vietnam (Vietnam del Norte); principalmente para evitar una unificación entre ambas repúblicas vietnamitas bajo un gobierno comunista.

Estados Unidos, ingresó en esta lucha armada para evitar la propagación de la influencia comunista en Asia y el resto del mundo. La influencia militar y el gasto financiero que realizó la nación americana durante este conflicto fue enorme, algunos expertos[28] indican que el gasto total durante la guerra de Vietnam por parte de los Estados Unidos fue de unos 111 mil millones de dólares, lo que para el 2020 representarían más de 600 mil millones de dólares y esto sólo contando el tema financiero. Resulta que además se deben contar las más de 50 mil bajas en combate. Existen, adicionalmente, estimaciones que indican que entre 100 y 150 mil veteranos de la guerra en Vietnam se suicidaron, aunque esta cifra es exagerada según algunos expertos.

Pero ¿Qué llevo a Estados Unidos a embarcarse en semejante operación militar con el increíble costo que esto significó y que además al final se perdió?

Resulta, que desde 1947 Estados Unidos ha llevado adelante algo que se conoce como "la doctrina Truman", denominada así porque fue el presidente Truman, durante su mandato en marzo de 1947 cuando la promulgó en medio de la guerra civil de Grecia que se dio entre 1946 y 1949. Para ese entonces, el gobierno de Gran Bretaña había notificado a la Casa Blanca que ya no podía seguir apoyando al gobierno griego en su lucha contra las guerrillas comunistas ni a Turquía. Truman en su discurso indicaba que "... *debían ayudar a las naciones a forjar su propio destino...*", a partir de allí, los Estados Unidos comenzaron a instalar bases en Europa occidental en Grecia y Turquía y finalmente, forzaron la expulsión de los rebeldes comunistas.

A partir de allí, Estados Unidos ha tenido una participación más activa en los conflictos que ocurren en naciones cuyo sistema se vea amenazado por revueltas comunistas. Este ideal, llevó a pensar que sería una buena idea ingresar a la guerra que libraba Vietnam del Sur ante la invasión de Vietnam del Norte para detener el avance comunista de los nor-vietnamitas. Al inicio de su incursión había buenos resultados e hicieron retroceder a las tropas del norte pero conforme pasaban los meses y luego los años, Estados Unidos veía con preocupación el gasto incurrido, las bajas obtenidas y la percepción negativa que tenían los estadounidenses acerca de este conflicto, esta sensación de pesimismo también era alimentada por la prensa que noche tras noche emitían en los noticieros el avance de la guerra, las batallas libradas, las acciones realizadas, las bajas, etc. Finalmente, todo ello terminó por sentar las bases para la retirada definitiva de las tropas americanas de territorio asiático.

Durante la incursión americana en el conflicto bélico, no se tomó en cuenta lo que en póker se denomina "el bote", es decir, si vale la pena incursionar en un conflicto por una ganancia que rendía pocos frutos y además si la apuesta para ese "bote" era la correcta, es decir, vimos cómo Estados Unidos incursiona en una guerra sin sentido para los fines propios, al final no sólo se retiró, sino que las pérdidas fueron enormes, tanto financieras como humanas, incluso territorial, puesto que al final se dio la unificación de Vietnam bajo el esquema comunista. No tener en cuenta, si valía la pena incursionar en el conflicto, hizo que Estados Unidos perdiera importantes números en esta guerra.

* * *

EL BOTE DEL LIDERAZGO POSITIVO.

En nuestra carrera profesional y personal nos establecemos metas específicas y generales. Visto de otro modo, así como en la guerra, hay acciones tácticas y estrategias que desarrollamos en diferentes momentos, las tácticas se refieren a aquellas acciones a corto plazo y las estratégicas tienen que ver con las acciones dispuestas para lograr fines en el largo plazo.

Conseguir ser el empleado del mes en una organización, es una meta a corto plazo, mensualmente se hacen los "cortes" donde revisarán los resultados de todos los colaboradores y ahí se determinará el ganador del empleado del mes. Pero llegar a ser gerente general, vicepresidente o escalar a lo más alto de la pirámide organizacional es una acción que nos planteamos en el largo plazo. Esa es la diferencia entre las acciones que nos planteamos a corto y largo plazo. Una, no va en oposición a la otra, los objetivos que nos ponemos a corto plazo son pequeños pasos para conseguir metas más ambiciosas y que llevan más tiempo de ejecución.

Hemos dicho que los pequeños *"botes"* que ganemos a lo largo de un torneo de póker nos permitirán acceder a los puestos premiados. Y mientras más nos mantengamos en ese ritmo, podremos llegar a las posiciones más altas. En las organizaciones ocurre lo mismo, poder tener metas cortas y cumplirlas, son pasos cortos que damos en la búsqueda y consecución de nuestros objetivos mayores, escalar en la pirámide organizacional.

A nivel personal es lo mismo, desde pequeños estamos estudiando y pasamos de niveles de primaria a secundaria y luego a universitaria. Ese desarrollo académico y esos pequeños logros nos permitirán desarrollarnos a nivel profesional y nos darán acceso a más oportunidades laborales y profesionales. Pero además, nos permitirán conseguir otras metas asociadas, como aquel carro que siempre quisimos adquirir, la casa para nuestra familia, el viaje que siempre quisiste hacer, etc., aquellas pequeñas metas nos permitirán lograr éstas metas grandiosas.

Pero debemos saber que en todos los botes no podremos participar, así que debemos escoger bien dónde materializar nuestros pequeños logros. Si usted es un profesional de las finanzas por ejemplo, y decide que desea dedicarse a ello en el futuro lejano, debería preocuparse por desarrollar sus habilidades duras en el ramo de las finanzas, la administración, economía, etc. Y, aunque existan habilidades blandas importantes para desarrollar y que debería hacerlo en cualquier momento, usted debe tener el suficiente conocimiento de saber cuál es el bote pequeño y cuáles son los grandes. Es decir, a cuáles puedes desistir sin ningún problema y en cuáles apostar en búsqueda de las mayores ganancias.

Digamos que está usted realizando dos cursos al mismo tiempo, uno es de finanzas corporativas y el otro es de oratoria, ambos cursos le costaron lo mismo pero debe abandonar uno de ellos porque según las nuevas exigencias de su trabajo, ahora dispone de menos tiempo para llevar estos cursos. Allí usted debe sopesar cual "*bote*", es decir, cuál ganancia es mayor. Aquí hablamos de la ganancia del momento, si para usted es más importante, en ese momento, desarrollar sus habilidades en las finanzas corporativas porque cree que sus aptitudes de oratoria son buenas, debe entonces quedarse con el curso de finanzas corporativas. Si en cambio, usted está haciendo el curso de finanzas corporativas a manera de complementar sus habilidades financieras y tiene muchos problemas de comunicación, entonces debería dejar el curso de finanzas y seguir con el de oratoria.

La evaluación constante de estas circunstancias a través del tiempo, le permitirá determinar que batallas abandonar o posponer y en cuáles disponer de todas sus fuerzas para obtener las mayores ganancias para usted. Recuerde que la prioridad es lograr los objetivos estratégicos, pero éstos sólo se logran con esas pequeñas victorias que representan el cumplimiento de las metas tácticas. Victorias de que sumadas, aportarán un gran valor para usted.

* * *

LA "CARA DE PÓKER". *LA ACTITUD.*

Creo que todas las personas, sino la gran mayoría han escuchado hablar sobre la famosa *"cara de póker"*. Aunque usted sea un jugador consecuente o no, seguro que también ha escuchado esta frase refiriéndose a una persona sin expresión, una imagen enigmática.

En el póker, cuando usted está sentado en la mesa jugando con otras ocho o nueve personas, debe tener presente que esas personas lo van a estar evaluando constantemente. Debe usted saber que ellos han estado sentados allí más o menos el mismo tiempo que usted y desde el primer instante lo han estado escrutando. Han estado viendo sus jugadas, las cantidades apostadas, en qué ocasión sube la apuesta, en cuáles se retira, las cartas con las cuáles suele ganar y la forma que ha llevado usted esa victoria. Incluso alguno que otro más detallista, llevará el promedio de las veces en las cuales usted entra a jugar una mano y cuándo se retira.

Y eso no es todo, parte del juego, y una que es muy importante, lo conforma la actitud que usted ha llevado durante todo ese tiempo que lleva jugando. Le han visto su juego desde el mismo primer instante en que se sentó a la mesa, pero también han visto sus expresiones, los cambios, sus actitudes, todo pequeño cambio que signifique un dato lo han estado recabando para poder hacerse un mapa de quién usted.

Si usted es un jugador experimentado, ya sabrá lo importante que es tener una actitud "constante" en todo momento que está sentado en la mesa. Usted también ha realizado sus notas respecto a otros jugadores, usted también ha tomado información de ellos, es una "guerra psicológica".

En este juego de actitudes, comportamientos, miradas, y contemplaciones y otras tantas mañas que se pueden dejar al descubierto, es importante que usted sea lo más parco posible en la mesa. De hecho, algunos profesionales sugieren que, si usted es un jugador con poca experiencia, evite charlar y distenderse con otros jugadores, esto lo pueden hacer con normalidad jugadores ya experimentados, pero si usted está en estas lides empezando lo mejor es estar lo más concentrado posible en el juego, sus cartas, sus rivales y las manos.

La cara de póker se refiere a la actitud que usted va a tomar en la mesa donde esté sentado y lo importante en esto es que sea difícil de descifrar por parte de sus contrincantes. Pero ¿Cómo se logra esa cara de póker?, no existe tal cosa como una única expresión que definamos "cara de póker", ya hemos dicho que es una actitud, mientras más homogénea sea ésta durante todo el tiempo que usted esté sentado en la mesa, más difícil será para sus rivales predecir sus actitudes futuras.

Si usted gana, pierde o empata un bote en la mesa, no importa el monto o los montos de los botes a los que nos estemos refiriendo, usted debería permanecer igual por dos principios fundamentales. Primero, recuerde que su objetivo principal no es ganar ese bote en sí mismo, sino llegar a puestos de ganancias en el torneo, llegar al final y si es posible, ser el campeón. Ganar un bote es un diminuto paso dentro de todo el inmenso viaje que usted debe realizar para ganar un torneo, es decir, usted no debe festejar como quién festeja un gol cuando tiene la mano a su favor y tampoco debe frustrarse cuando no la tiene. Simplemente debe concentrase en las siguientes manos, guarde los festejos para el final del torneo. Segundo, si usted sabe que tiene una mano muy fuerte y parece que va a ganar y lo logra, demostrar emociones lo deja en evidencia frente a sus rivales, ellos lograrán ver patrones de emociones que usted demuestra sin quererlo y todo esto, por dejarse llevar por las emociones.

Debe ser muy consciente en todo momento de lo que ocurre en la mesa y sobre todo, de lo que ocurre con usted y sus manos en cada momento. Digamos que usted tiene par de ases (A – A) y el bote le favorece con A – A – K. Ya acaba de armar un póker en el propio *"flop"* algo muy difícil de lograr, usted se encuentra emocionado porque es casi imposible que lo derroten sus rivales, en ese momento le pica la nariz y se la rasca, se le resecan los labios y se los humedece, se acomoda en la silla, tose levemente o cualquier otro tic nervioso que usted tenga. Si ya lo ha hecho antes en manos ganadoras, esta vez, sus rivales como lo habrán notado, y se van retirar, usted va a ganar el bote pero con muy poca ganancia. ¿Recuerda lo que dijimos de las ganancias en el bote? La idea fundamental es que usted maximice sus ganancias como ya lo referimos anteriormente. Es importante no demostrar ninguna emoción al respecto. Suponga ahora usted que no expresa ninguna emoción y va llevando a sus rivales a que paguen las apuestas que usted haga, allí no sólo está aumentando sus ganancias, sino que está poco a poco eliminando las posibilidades de sus rivales de convertirse en fuertes competidores más adelante en el torneo.

Los jugadores más experimentados cuando juegan con sus pares que también tienen cierta experiencia lo que buscan es confundir al rival con sus actitudes durante todo el torneo. Entre las conversaciones, actitudes y estrategias que implementan buscan engañar para poder mantenerse escalando posiciones. La idea es que sus competidores piensen todo lo contrario de lo que usted tiene en la mano o mejor aún, usted debe hacer que sus rivales piensen lo que usted quiere que piensen de usted. Como ya mencionamos, es una "guerra psicológica".

Debe asumir también que esa actitud la tendrán sus rivales con el resto de la mesa, no los menos experimentados, pero sí los más.

* * *

EL EJÉRCITO FANTASMA EN LA SEGUNDA GUERRA MUNDIAL.

La segunda guerra mundial trajo consigo devastación y muerte, más de 50 millones de personas perecieron en este conflicto. Las tropas y batallones que peleaban tuvieron que emplearse a fondo para ganar cada conflicto en que se involucraban. Pero no sólo las balas, los tanques y cañones fueron protagonistas en esta guerra sangrienta que evitaba la expansión del nazismo en Europa y el mundo, también lo fue la creatividad y cómo no, el arte.

Una de las estrategias utilizadas por los aliados, fue la creación de la 23° Compañía de Tropa Especiales que estaría compuesta por tres unidades que se encargarían de cada parte del engaño. Estaba compuesto por la 603° compañía de Ingenieros de Camuflaje, los cuales se encargarían del engaño visual, la 3132° Compañía de Señales que iban a estar encargados del sonido y la Compañía Especial de Señales la cual se encargaría de transmitir órdenes falsas con el fin de que fueran interceptadas por el enemigo. Todas, iban a estar protegidas la 406° Compañía de Ingenieros de Combate que iban a estar alrededor de las tres compañías encargadas del engaño como perímetro de seguridad.

Para estas unidades, el ejército estadounidense reclutó a soldados que provenían de escuelas de arte y publicidad, se les solicitó que utilizarán su imaginación y talento para engañar con lo encontraran a su alrededor. Más de mil artistas, ingenieros, actores y diseñadores se pusieron manos a la obra.

El equipo logró diseñar vehículos inflables que simulaban a los tanques utilizados en el terreno de la guerra, pero además añadieron, con ayuda de los laboratorios Bell, grabaciones de vehículos en marcha los cuales eran reproducidos en altavoces gigantes que iban montados en camiones orientados hacia el enemigo para que escucharan el avance.

Finalmente, hubo una unidad de radio que se preparó para dar órdenes e información falsa, la cual esperaban que fuera interceptada por el enemigo y así ser engañados.

Una vez que estuvo lista, la unidad fue enviada a Normandía 8 días después del día D, el 14 de junio de 1944 y su primera misión fue ayudar durante un mes al 980° Batallón de Artillería, la idea era que los alemanes descargaran su munición en los señuelos colocados y no destruyeran los cañones del batallón. Los alemanes fueron engañados con total éxito y luego de ello, la 23° Compañía fue utilizada en muchas más misiones, incluida la más sangrienta de todas, la batalla de las Ardenas. Todas las misiones tuvieron éxito y los engaños tuvieron cabida dentro del ejército alemán. Esto, además tuvo repercusiones positivas en los aliados, los cuales no sólo ganaron tiempo muchas veces, sino que gracias a estas maniobras, se calcula que los aliados salvaron de 15 mil a 30 mil vidas.

No es el único caso de engaño en las guerras, desde siempre el engaño ha permitido tomar ventaja del enemigo contantemente, Sun Tzu en su famoso libro "El arte de la guerra" en el mismo primer capítulo refiere que, el arte de la guerra, es el arte del engaño.

* * *

CARA DE PÓKER EN EL LIDERAZGO POSITIVO.

Seguramente usted no es un soldado y tampoco piensa alistarse en las fuerzas de seguridad de su país y probablemente su país esté muy lejos de ingresar a algún conflicto bélico en donde lo obliguen a alistarse en el ejército. Tampoco es un jugador habitual del póker, entonces ¿Por qué debería interesarle tener "cara de póker" en su vida? De hecho, muy probablemente a usted no le gusten las mentiras, ni el engaño, a usted le gusta ser transparente y siempre decir la verdad, pues sepa usted que igualmente, debe saber tener "cara de póker" y saber utilizar el arte del engaño como nos indicó el famoso filósofo y guerrero chino.

En especial porque usted desea ser líder y un líder positivo sabe también que debe parecer inmaculado la mayor parte del tiempo. Una de las cualidades que además debe usted practicar es saber mantenerse en equilibrio constante, esto es muy difícil de lograr, pero créame, sí se puede.

El equilibrio se logra cuando usted entiende cuáles son sus objetivos fundamentales y cualquier acción que tenga de sus compañeros, subordinados y/o pares, no son personales, sólo son gajes del oficio, la práctica común y cotidiana de las relaciones típicas.

Recuerda los objetivos estratégicos que te has planteado, no lo debes olvidar porque los objetivos a corto plazo pueden nublarte la mente. Si no logras un pequeño objetivo planteado en algún momento, no debes impacientarte, tal vez no sea el momento, quizás lo enfocaste mal o probablemente no lo planteaste a las personas correctas, pero al final es sólo eso, un objetivo a corto plazo, ya vendrán más con los cuales podrás mejorar tu desempeño.

Lo mismo ocurre si hablamos de lograr alguno de esos objetivos, supongamos que fuiste el mejor en ventas de tu organización este mes, no permitas que el ego te ciegue, debes seguir con tu misma actitud, recuerda que siempre requerimos de apoyo y ayuda de nuestros superiores, compañeros, etc., es por esto que debes permanecer con la misma actitud sea que ganes o pierdas un objetivo en el corto plazo. Además entiende que en el mundo profesional existe la envidia, tus metas debes mantenerlas lo más estables y secretas posibles, evita confrontaciones innecesarias que no permitan tu desarrollo ni crecimiento.

En definitiva, ganes o pierdas, no es el fin, aún te falta camino por recorrer, no demuestres en exceso tus éxitos o fracasos porque eso no te va a ayudar a lograr tus objetivos y, en cuanto al engaño, debo decirte que éste se encuentra en todos lados, debes estar atento a las señales de tus competidores, incluso de tus jefes, la concientización de ello te permitirá evaluar rutas de escape exitosas. Es posible que en algún momento te sientas tentado a realizar este tipo de prácticas, lo ideal es que nadie salga perjudicado, los engaños exitosos a nivel profesional y personal se basan en la capacidad de poder crecer y aumentar las posibilidades de tu entorno y el tuyo propio, mientras menos daño exista, mejor para todos.

CAPÍTULO III.

Fases de un torneo

FASE INICIAL. *ANTES DE INICIAR TU RECORRIDO COMO LÍDER.*

Hemos estado revisando la forma de jugar al póker y además sus respectivas analogías con la historia y con el liderazgo positivo, siempre en condiciones de torneos y/o manos en pleno juego. Pero todo tiene un principio, todo comienza desde un punto en particular y se va desarrollando según nuestras decisiones y las circunstancias que se vayan presentando.

Los torneos tienen fases de desarrollo bien establecidas, cualquiera que sea el premio que estemos disputando y bajo cualquier modalidad éstos presentan fases distintas durante su desarrollo y las estrategias que se aplican en cada una de ellas discrepan bastante y la forma en cómo la juguemos también.

Es por ello que, cuando usted se encuentre disputando un torneo de póker, las estrategias que debe seguir siempre serán distintas según la fase en donde se encuentre, además que debe concientizarlo para no cometer errores durante su desarrollo.

José Litvak, en un artículo publicado en la página web Código Póker[29] indica algunas características y estrategias a seguir cuando se juegan las fases iniciales de los torneos de póker. En dicho artículo, Litvak plantea tres consideraciones importantes según su experiencia:

1) Siempre es peligroso jugarse todo el *"stack"* aún con buenas manos.
2) Siempre el objetivo será llegar a la etapa denominada "la burbuja", mejor si se hace con la mayor cantidad de fichas posibles, pero lo importante es llegar.
3) Desde el inicio siempre se tiene la sensación de llegar a los lugares de premios.

Para llegar a estas conclusiones es cierto que Litvak ha tenido una amplia experiencia en el juego y es por ello que nos deja dichas enseñanzas.

Revisemos algunas circunstancias en el juego durante esa

fase:

✓ En la mayoría de los torneos usted va a ingresar a jugar con un *"stack"* lo suficientemente grande para sentirse cómodo de jugar un rango de manos bastante amplio. Por ejemplo, puede ingresar a un torneo con 5.000 fichas y las ciegas estén 25/50, es decir, usted tiene 100 ciegas grandes, lo cual le permite jugar algunas cartas que en otro momento no jugaría. La recomendación general en esta fase es no arriesgar demasiado por poco. Aquí, como dijimos, se juegan muchos rangos de mano, es por ello que no se aconseja jugar manos mediocres o aquellas que "pintan" pero que aún no terminan de ser una mano fuerte. Por esa misma razón, también es aconsejable explotar al máximo las cartas fuertes, muchos jugadores buscarán entrar al juego con cartas denominadas marginales y buscando un milagro en el *"turn"* o en el *"river"*, puede sacar provecho de eso.

✓ Justamente el *"stack"* abultado nos va a permitir ingresar a jugar mayor cantidad de manos, y claro que lo podemos hacer, pero nunca será aconsejable entrar sin tener ventajas matemáticas. Dice Litvak que en la mayoría de las ocasiones los favoritos ganan, sobre todo contra los que él denomina "perseguidores de ilusiones".

✓ Finalmente, si usted ya tiene la ventaja en el flop, vale la pena poner en riesgo la mayoría de su *"stack"* ya que pueden ocurrir un par de cosas: su rival se retira y usted gana lo que hay en el bote o su rival le paga y usted tendrá grandes oportunidades de doblar su cantidad de fichas con lo cual habrá hecho un muy buen negocio.

En el póker nunca hay que olvidar para qué ingresamos al torneo, nuestro objetivo principal nunca lo podemos perder de vista y es entrar en los premios. Es por ello que durante esta etapa la calma debe privar, aunque puede parecer muy atractiva entrar a jugar con un par de 5 para ver si el *"flop"* nos sonríe no es aconsejable poner muchas fichas en juego y si alguno de los jugadores precedentes han subido alguna apuesta, es mejor abandonar la mano, ya vendrán otras oportunidades con mejores manos. Nunca debemos perder de vista nuestro horizonte, estar entre los privilegiados premiados que se llevan algo a casa.

❉ ❉ ❉

FASES INICIALES EN LOS DEPORTES.

Pensemos por un momento en deportes donde hay acción y además existe el tiempo como determinante para jugarlo como en el baloncesto o el fútbol. En ninguna de los dos deportes se comienza un partido y mucho menos en un partido inaugural con exceso de acción, es decir, los jugadores tienden a ir de menos a más en el esfuerzo físico.

No queremos decir con esto que los futbolistas o los jugadores de baloncesto no dejen el todo por el todo desde el comienzo, es que el objetivo de ellos al iniciar un encuentro es el mismo, ganar el partido y no meter el primer gol o la primera canasta. Por supuesto que todos hemos visto ocasiones en el fútbol donde el primer gol llega dentro de los primeros 5 minutos, incluso en el primer minuto, pero esto ocurre en ocasiones excepcionales. Para el baloncesto es lo mismo, los jugadores comienzan jugando un poco relajados, de hecho no existe la marcación hombre a hombre, es decir uno a uno, al inicio de un encuentro, se vuelve a repetir la máxima, la idea es ganar el encuentro no encestar de primero la bola.

A medida que los partidos van avanzando y los minutos van pasando, la intensidad va creciendo, la marcación va siendo más apretada, las jugadas exigen mayor desgaste físico y por supuesto los roces se incrementan. Esto tiene una razón de ser en ambos deportes, la razón es que pocas personas, así sean deportistas de alto nivel, pueden aguantar un desgaste físico constante durante tanto tiempo seguido. Los jugadores deben descansar para recuperar el aliento, las fuerzas. Es por ello que vemos a futbolistas caminando en algunos pasajes de un encuentro de fútbol o la razón por la cual los directores técnicos piden tiempos muertos en los juegos de baloncesto y realizan rotaciones de jugadores, la idea es descansarlos cada cierto tiempo.

Imaginen por un momento que tanto en el fútbol como en el baloncesto los jugadores dispusieran de todo su arsenal físico y emocional desde el inicio del cotejo. A lo sumo jugarían la mitad de un encuentro y esto, sin tener en cuenta que pudieran caer lesionados antes. La idea es ir evolucionando según el partido vaya avanzando. Habrá momentos donde se necesite presionar al máximo, y habrá otros donde se pueda aflojar un poco, es natural, es normal este tipo de accionar.

Y esto no es sólo cosas de dos deportes emblemáticos como el fútbol o el baloncesto, con sus claras diferencias en todos los deportes existen estos "altibajos" normales y naturales que deben realizarse para poder aguantar todo un partido. Incluso en deportes individuales como el tenis lo hemos visto. Se ha observado como un jugador que está ganando un set 5-3 por ejemplo y no tiene el saque, al momento de perder los primeros dos juegos del siguiente punto y se coloca abajo 30-0, deja de presionar o no lo hace lo suficiente para que el juego se coloque 5-4 y cuando él tenga el saque poder aplicar toda la energía en su saque y defender ese último punto que le dé el set definitivo. Una vez más, en este caso para el tenista, su objetivo primigenio es ganar el set, no el punto y, en definitiva, ganar el juego.

Son incontables los ejemplos en los deportes en donde la exigencia completa se da en algunas fases de los encuentros, no en todo el partido, ya veremos cómo podemos tomar éstas características tanto del póker como del deporte para aplicarlos en nuestro camino al liderazgo.

❊ ❊ ❊

FASES INICIALES DEL LIDERAZGO POSITIVO.

Son innumerables los libros enfocados en el liderazgo que se hacen la misma pregunta ¿Los líderes nacen o se hacen? Resulta que en la vida no todo es blanco o negro, hay matices de grises y créanme, de muchísimas tonalidades.

Es bien sabido que hay cualidades innatas en cada ser humano sobre la faz de la tierra, muchas de esas cualidades son heredadas, otras son originales de la persona, pero como hemos dicho, no todo es blanco o negro y resulta que cualquier cualidad se puede obtener con trabajo, dedicación y disciplina.

¿A dónde queremos ir?, resulta que un liderazgo positivo se basa en tener muchas cualidades, no es suficiente con ser el jefe de un grupo dentro de una organización para llegar a ser un líder positivo. Tampoco es suficiente ser el hijo del presidente de una organización porque esto no nos garantiza nada, a lo sumo, que tendrá usted un puesto de relevancia en un futuro dentro de esa organización, pero aún esto no lo hace un líder positivo.

Estamos conscientes que las cualidades del liderazgo se pueden tener desde el nacimiento, también se pueden obtener mediante la experiencia, el conocimiento, la práctica y el forjamiento de habilidades que hagamos durante nuestro desempeño profesional.

Pero esto sigue sin ser suficiente, el liderazgo positivo, traspasa las fronteras de las cualidades netamente del liderazgo, no es sólo tener esas características lo que nos permitirá ser líderes positivos en nuestras sociedades.

Una serie de etapas de aprendizaje nos llevarán a ser quienes queremos ser en el futuro cercano: líderes positivos. Los líderes positivos presentan las mismas cualidades que los líderes corrientes de las organizaciones y sociedades, pero las maximizan a plenitud y además agregan otras que mejoran su correspondencia con el entorno.

Las primeras cosas que debe saber un líder es que es responsable de sus seguidores. Si no se asume el rol con responsabilidad, no se puede ser un líder positivo. En las primeras etapas de nuestro recorrido profesional o más bien, de nuestro recorrido personal, es la responsabilidad la que nos permitirá abrirnos paso en los inicios de nuestra carrera. La responsabilidad significa hacerse cargo de situaciones específicas individuales o de un grupo en particular y asumir las acciones que se realizan.

Aun cuando no somos líderes, nuestro primer objetivo es cumplir las metas propuestas o auto-propuestas, esto nos da la claridad de que somos conscientes de nuestras acciones, nos hace personas responsables. Si no cultivamos esta cualidad en nuestro ser y en nuestro grupo o círculo, no podremos avanzar en nuestro camino hacia un liderazgo positivo.

En estas primeras etapas del liderazgo positivo, es abrumador ir pensando en cada una de las cualidades que hacen a un líder ser un líder positivo, pero podemos, de a poco, ir pensando en cultivar cada una de ellas. En la medida de las posibilidades y siempre y cuando las circunstancias se den apropiadamente, podemos ir integrando otras herramientas.

Un rasgo adicional debe preponderar en el liderazgo positivo y no es menos importante, es la ética. Si la responsabilidad se refiere a realizar un trabajo en específico, cumplir con las metas establecidas, la segunda; la ética, se refiere a realizar dichos trabajos y cumplir las metas dentro de un patrón que debe abarcar todo cuanto se haga, se debe realizar dentro de lo que es moralmente aceptable, sin menoscabar los derechos de terceros, sin perjudicar ni dañar de alguna forma el trabajo de otros.

De nada sirve que usted se plantee ascender en las escalas de su organización si perjudica a los demás. Su ascenso no debe ser sinónimo de problemas para terceros, todo lo contrario, debe ser de beneficio para la mayoría de las personas que estén en su alrededor, su escala en la sociedad debe servir para repartir dicha y prosperidad.

En su camino por el liderazgo positivo usted aprenderá muchas cosas que le servirán para ir proyectando y moldeando su personalidad de acuerdo a como usted se sienta cómodo, pero en esta primera etapa, es importante que se enfoque en dos herramientas y cultive su aplicación en el día a día: La responsabilidad y la ética. No intente sumar más si aún no comprende la aplicación de estos dos conceptos, sea responsable y ético en su accionar cada día y verá como comienza de forma positiva su ascenso en las organizaciones y en la sociedad.

* * *

FASE MEDIA. *DESARROLLA TU LIDERAZGO.*

¿Cómo identificar cuándo pasamos de la fase inicial a la fase media de un torneo? Es una pregunta interesante, sobre todo porque esta transición no viene precedida de algún evento extraordinario o que marque claramente una frontera entre las dos primeras fases como sí ocurre en el siguiente nivel cuando llega "la burbuja"[30] y nos permite concientizar que estamos entrando en la parte final del torneo.

Hemos estado en el torneo ya por un largo período de tiempo, pero hay algunos indicadores que nos hacen pensar en que ya llegamos a la fase media de un torneo, por ejemplo, hay muy pocos jugadores por encima de la media y muchos jugadores por debajo de ella, son más los que pierden que los que ganan, algunos entendidos indican que existe un momento durante el cual los líderes tienen entre 30-50 ciegas grandes mientras que la media se coloca en unas 20 ciegas grandes, allí comenzamos a notar que entramos en fases medias y es importante darnos cuenta de ello porque también nuestra estrategia se debe amoldar a esta situación, no podremos seguir jugando igual.

Esta etapa se caracteriza por el robo de ciegas, es decir, la oportunidad que ven algunos jugadores para, con manos mediocres o marginales, intentar presionar a sus rivales con una apuesta y esperar a que estos se retiren, de esta manera se pueden quedar con las ciegas de sus oponentes que, dadas las circunstancias actuales, tienen un valor intrínseco mucho mayor que en la etapa inicial.

Lo ideal sería que usted esté por encima del promedio para poder tener esta estrategia como un intento para poder aumentar su *"stack"* pero esto no siempre es posible y, como hemos dicho, son más los jugadores que se encuentran por debajo que por encima de ese promedio. La mayor cantidad de fichas está en manos de menos jugadores.

Recuerde que, aunque ha llegado a esta fase media, aún no ha logrado su objetivo primario, el cual es ingresar en puestos premiados, así que aquí el juego a considerar es el siguiente: a) Si usted está por encima de la mayoría con un buen *"stack"* y tiene posibilidades de robar, puede hacerlo con algunas cartas que pinten para buenas oportunidades, recuerde que debido a la escasez de fichas de muchos jugadores, pocos pondrán todas en juego y arriesgarse a salirse del torneo ante de los premios. Lo ideal aquí es aumentar su *"stack"* aprovechando las circunstancias del momento y de sus rivales. b) La segunda posibilidad es que usted esté entre los jugadores que se encuentran por debajo del promedio, como hemos dicho, en estos casos, usted debe ser prudente y jugar cuando tenga buenas manos. Debe entender que su *"stack"* de fichas no está alcanzando las 20 ciegas grandes, por lo tanto su rango se disminuye, pero no debe desesperarse, debe tener paciencia y templanza, sea asertivo al escoger las manos en donde va a ingresar para jugar.

Esta es una etapa muy particular pues se resuelve muchas veces *"preflop"*, es muy difícil llegar a ver las primeras tres cartas comunitarias pasando o sólo haciendo *"call"*, normalmente habrá rivales apostando en busca de los robos de ciegas y presionando a aquellos jugadores que tienen el *"stack"* corto. Por ello, se sugiere en estas circunstancias "foldear" o ir *"all in"* para aislar a la mayoría de los jugadores y quedarse con uno o dos los cuales serán nuestros rivales al final de la mano. Pero la cautela le ayudará mucho porque recuerde que no debe perder su objetivo: llegar a los puestos premiados.

* * *

LA FASE MEDIA QUE JUGÓ STEVE JOBS.

Uno de los empresarios y líderes que más conciencia tuvo durante el desempeño de su rol fue Steve Jobs y esto fue de suma importancia en el curso de los acontecimientos que le sucedieron durante su carrera como co-fundador y luego director de Apple.

Jobs fundó Apple en 1976 y una de las ideas que lo llevaron a su fundación, fue proporcionar a las personas un computador que pudieran utilizar en su casa de forma que la tecnología tuviera más alcance para todos. Jobs, junto a Steve Wozniak consiguen realizar el primer computador y lo bautizan como Apple I. Jobs se dedicó a la promoción del computador y llegó a vender en su primera incursión en el mercado unos 200 ejemplares, luego el crecimiento de Apple se hizo notar. Después de 10 años, Apple contaba con más de 4000 empleados.

En 1983 sale a la luz Liza, un computador con una interfaz amigable para personas con poca experiencia en informática pero su elevado costo respecto a la competencia no ayuda al despegue, de hecho en esa época, IBM tomó parte de la cuota de mercado de Apple.

Para 1984 Jobs presentó con grandes expectativas a la Apple Mcintosh pero sus ventas no cumplieron lo esperado y en mayo del año siguiente, John Sculley[31], quien había sido traído desde Pepsi Cola por el mismo Jobs un par de años antes para impulsar la marca, relevó de su cargo al otrora co-fundador de la marca. Meses después, Steve Jobs decide dejar la compañía.

Tras abandonar Apple, Jobs logró fundar y manejar con

bastante éxito NeXT Computer. Una compañía que, aunque tuvo ventas muy modestas en 10 años de funcionamiento, influyó en cambios importantes dentro de la computación, su sistema operativo sirvió para que el científico Tim Berners Lee creara el concepto de la *World Wide Web*. También compró Pixar una empresa especializada en producción de gráficos por computador. Con esto, Jobs firmó varios acuerdos de películas por animación con Walt Disney Company y en 1995, se estrenó Toy Story, el primer largometraje completamente en computadora, luego de esto siguieron los éxitos de Monsters Inc., Buscando a Nemo, Cars, WALL-E y Up. Cuando en 2004 se estaba acabando el contrato con Disney, Jobs anunció que podría buscar otros socios para distribuir sus películas. Sin embargo, en octubre de 2005, Bob Iger, quien sustituyó a Michael Eisner en la dirección de Disney, pudo lograr un acuerdo definitivo con Pixar por más de 7.400 millones de dólares. Cuando se completó la fusión, Jobs se convirtió en el mayor accionista individual de la compañía con el 7% y tuvo un puesto en el Consejo de Administración.

Luego, en 1997 Steve Jobs regresa a Apple, una empresa al borde de la quiebra y se decidió a recuperarla con cambios significativos. Uno de ellos fue firmar un acuerdo con Microsoft donde Apple vendía un 4% de sus acciones a cambio del suministro del software Office para los computadores Mcintosh y así finalizaba la lucha por la interfaz gráfica y, aunque esta noticia no fue bien recibida, sí que fue llevada adelante.

Jobs también canceló un programa de licencias de McOS a otro fabricante de hardware, Power Computing, una empresa que luego sería absorbida por Apple. El regresó de Jobs también sirvió para que la compañía centrara sus esfuerzos en nuevos productos y servicios como la tienda de música en línea iTunes Store, reproductores de audio iPod y los computadores iMac que además fueron un gran éxito para la compañía.

En diciembre de 2009, tan sólo 12 años después del regreso de Steve Jobs a la empresa, la revista Harvard Business Review lo eligió como director ejecutivo del año por incrementar en 150.000 millones de dólares el valor en bolsa de Apple en los últimos 12 años.

No fue el último capítulo ni la última estrategia ganadora de Steve Jobs durante su carrera, aún faltaba más, pero el poder detectar la fase en donde se encontraba, le permitió a Jobs lograr los éxitos que siguieron tras su regreso en 1997.

Algunos cambios como los nombrados en párrafos anteriores no hubieran sido posibles en otras circunstancias; en ese año Apple se encontraba en un profundo declive y la llegada de un director como Jobs, quien había sido despedido unos años antes y que también era conocido en esa época por llevar un estilo gerencial agresivo no calaba bien en la dirección ejecutiva de la empresa. Sin embargo, con ese mismo estilo agresivo, la compañía había tenido un despegue años atrás, además ya se había demostrado con los emprendimientos de Pixar y NeXT Computer que Jobs tenía muy buenos dotes gerenciales y además creativos.

Su estilo de ver la tecnología como un campo accesible para cualquier persona revolucionó la industria más de una vez. Él se dio cuenta en qué punto se encontraba y su re-ingreso a Apple lo hizo con varias condiciones y, una de ellas es que le permitieran hacer algunos cambios, la junta directiva que, no tenía además otra opción a mano tuvo que acceder a la peticiones. Al final es un cuento que termina feliz porque el éxito de Apple, fue el éxito de todos, las ganancias también afectaron positivamente a toda la organización.

❈ ❈ ❈

FASE MEDIA EN EL LIDERAZGO POSITIVO.

En el apartado anterior observamos que con dos cualidades

principales nos basta para poder emprender nuestro viaje por el difícil camino del liderazgo, pero en fase media ya las cosas se complican

En primer lugar, porque como dijimos anteriormente, no sabemos a ciencia cierta dónde comienza esta fase, pero además porque tenemos que añadir más estrategia en nuestro andar.

Lo primero que debes darte cuenta es que, como ocurre en el póker, los rivales comienzan a desaparecer, algunos no siguen el mismo camino tuyo, se dirigen a otros senderos y otros, lamentablemente han dado malos pasos que los desvían por caminos más desafortunados. Pero tú sigues con tus metas claras y lo más importante es que sigues en carrera, recuerda que ya has desarrollado algunas habilidades y éstas deben sumar a las siguientes que vayas aprendiendo a lo largo del camino. Tu objetivo es mantenerte hasta lograr, como ocurre en el póker, los primeros objetivos, así que lo mejor es no desenfocarte.

En este punto, es importante que recuerdes que estando en la fase media de tu desarrollo como profesional y líder positivo es porque has alcanzado algunos niveles de desarrollo, como por ejemplo, has ganado la confianza de tus superiores y de tus compañeros de trabajo, eres eficiente en tu trabajo y optimiza resultados. Sin embargo, es un buen momento para que te replantees tus metas en el corto plazo, tu situación actual y la mejor manera de conseguir los objetivos planteados en un principio.

Recuerda que haber conseguido algunas victorias tempranas te permite seguir soñando en tu intento de escalar posiciones pero esto no te debe nublar tus pretensiones de ir mejorando cada día.

Habrá algunos compañeros que también busquen con afán objetivos similares a los tuyos y estén en la misma competencia que tú, es por ello que cada paso que des de aquí en adelante es importante para mantenerte.

Los líderes positivos van en busca siempre de la excelencia y no sólo hablamos de la excelencia individual, sino grupal y en general, organizacional. Como hizo Steve Jobs con sus cambios cuando volvió a Apple en 1997, los cambios planteados a la organización fueron positivos no sólo para él que impulsó su imagen como líder indiscutible en el área tecnológica, sino que además favoreció a la misma compañía con un incremento en su valor neto en la cotización en el mercado bursátil.

Las mejoras introducidas a nivel organizacional y en la sociedad incluso pueden trascender éstas, y cuando lo hacen, los niveles de confianza en sus líderes aumentan exponencialmente.

En momentos que te encuentres a mitad de camino de tus objetivos principales, es bueno plantearte en qué condición te encuentras, si es momento de arriesgar el todo por el todo para posicionarte como uno de los favoritos a elegir en una organización o sociedad, siempre con acciones diferenciadas y en busca de la mayor suma de satisfacción posible para la mayor cantidad de personas o, en cambio, es momento de mantener tu imagen proyectada como un líder positivo que has creado y trabajado desde el principio. En cualquiera de los dos casos, siempre la búsqueda de los bienes comunes favorecerá en mayor grado a la organización o sociedad donde te desenvuelvas.

❋ ❋ ❋

"LA BURBUJA". *MOMENTOS DECISIVOS QUE FORMAN TU LIDERAZGO.*

Anteriormente, hemos visto que el paso de la fase inicial a la intermedia en el póker no se detecta fácilmente, aunque sí podemos estar consciente de ello cuando la proporción de ciegas respecto a nuestro *"stack"* comienzan a disminuir, es un transitar que se va dando de a poco y del cual debemos estar atentos para cambiar la estrategia cuando sea requerido.

El fin de la fase media y comienzo de la fase final de un torneo sí lo determina un evento en particular, este evento es la denominada "burbuja". A diferencia del juego en las mesas de *"cash"*, en donde los jugadores no quedan eliminados al perder sus fichas sino que tienen la posibilidad de volver a ingresar; en los torneos *"sit and go"*[32] y los torneos multimesa existe lo que se denomina como "la burbuja", esta es una etapa en los torneos que suele durar unos pocos minutos y es la etapa en donde queda un jugador por eliminar para iniciar la fase de premios.

Algunos entendidos han ampliado el concepto de la burbuja y lo atribuyen a una etapa con mucho más tiempo, esto les permite aprovechar las estrategias que normalmente se aplican en esta fase del torneo durante más tiempo. Es decir, en vez de determinar la fase de la burbuja como aquella donde estrictamente queda un jugador por eliminar, éstos aprovechan de ampliar su rango de acción a cuando queden unos pocos jugadores, tal vez unos 20 o 50, dependiendo de la magnitud del torneo. Esto resulta de mucha ayuda cuando se tiene un buen *"stack"* y se quiere presionar a los rivales.

La idea en la etapa de la burbuja es jugar lo más *"tight"* posible para poder ingresar en la fase de premios, una vez allí ya sabemos que no nos vamos a ir con las manos vacías y sobre todo esto es aplicable cuando no tenemos una cantidad suficiente de fichas que nos permita tener un amplio rango de manos de acción.

Como hemos mencionado anteriormente, los jugadores que posean una ventaja sobresaliente ante los rivales que tienen en la mesa, pueden sacar mucho provecho de la situación ya que, sin arriesgar tanto como para quedar eliminado o sin comprometer su estatus en la mesa, puede presionar a los jugadores que están allí a abandonar manos y ganarles así las ciegas del bote.

Digamos que usted se encuentra en la fase de la burbuja y tiene unas cartas del tipo K-10 que en cualquier situación usted pudiera hacer *"call"* o incluso *"foldear"* si alguno de sus rivales subiera su apuesta, con esa mano y en esta situación, y además sabiendo que los jugadores ante usted se han retirado o han hecho un *"call"* esperando un milagro en el flop, usted con esa información puede ir *"all in"* buscando presionar al grupo. Es muy difícil que alguno de los jugadores en la mesa se arriesgue a perderlo todo a escasos momentos antes de llegar a los puestos premiados, las únicas excepciones serían mano muy fuertes del tipo A-A, K-K o A-K y sin embargo, en este caso, hubieran ido *"all in"* antes que usted. Es por ello que la probabilidad de ganar este bote aumenta considerablemente. Lo importante es entender la situación, no siempre se puede hacer este tipo de jugadas, pero en vista de su clara ventaja, usted puede ir acumulando ganancias aprovechándose de la situación por la que pasan sus rivales en ese momento.

La verdad es que en la mayoría de las ocasiones usted tendrá una desventaja de jugar con un *"stack"* de fichas corto y por ello el consejo debe ser jugar lo más ajustado posible a un rango de manos cortos. El objetivo primordial nunca debe perderse de vista y sobre todo cuando se está tan cerca de la fase final, lo primero es entrar en premios.

❋ ❋ ❋

LA BRUBUJA EN LAS EMPRESAS PUNTO COM.

Alrededor del año 2000 hubo lo que se denominó como "la burbuja de las empresas punto com", refiriéndose a la expansión del tipo de empresas que desarrollaban estrategias a través de la web. Se ofrecían diferentes tipos de servicios inimaginables, pero hubo algunas de ellas que no supieron jugar en este escenario y terminaron con un final para nada agradable.

Álvaro Valderrama realizó una investigación al respecto en 2015 para el portal CNN[33] en su sección de tecnología y allí pudo recabar información de varias empresas que fracasaron en su búsqueda del paraíso en los negocios de servicios por internet, aquí mencionaremos sólo un par de ellos.

La empresa Pets.com inició como una empresa que pretendía ofrecer servicios para las mascotas, en el portal, además de encontrar diversos productos tales como comidas para perros y gatos, *souvenirs* y un sinfín de otros detalles, había una sección para el servicio de veterinaria, la verdad se veía promisorio el negocio presentado por los dueños del portal web especializado en mascotas.

Con la seguridad de que éste sería un negocio más que rentable, la compañía invirtió millones de dólares en marketing. Un títere en forma de perro hacía entrevistas a las personas en la calle, se pagó un anuncio en el Súper Bowl y hasta se aparecieron en un globo en el famoso desfile del día de Acción de Gracia de Macy´s en 1999.

Pero, cuando un modelo de negocios no funciona, antes de hacer aquel gasto en marketing se debe evaluar acciones de profundos cambios. Durante los primeros 9 meses del año 2000, la empresa perdió más de 147 millones de dólares, sus inversionistas no pudieron inyectar más capital a la empresa. Al inicio de ese año, la cotización en bolsa de Pets.com era de 11 dólares y subieron hasta un máximo de 14 dólares, pero luego no pudo recuperarse y sus acciones cayeron hasta por debajo de 1 dólar hasta su desaparición. La empresa cerró en noviembre de 2000 despidiendo a cerca de 300 empleados.

El caso de Pets.com nos demuestra cuán difícil es mantenerse en un ramo de negocios, es por ello que hay un refrán que nos dice que lo fácil no es llegar sino mantenerse. Adicionalmente, usted no está sólo, usted tiene que observar el panorama completo, su mercado, si no está consciente de ello, puede que termine fracasando. Tal vez, con algunos cambios y esperando un poco, el modelo de negocios de Pets.com podría haber tenido éxito, pero al ser muy agresivos en su propuesta, terminaron sucumbiendo en el difícil campo del mercado online, no concientizaron el momento por el cual pasaban.

Otra empresa que tuvo una suerte similar fue Webvan.com, empresa dedicada al servicio de entrega de abarrotes y que creció muy rápido. Sus servicios fueron ampliados a 8 ciudades en año y medio y a mediados de 1999 anunció que haría una inversión de 1.000 millones de dólares para ampliar su influencia a 26 ciudades para 2001.

En noviembre de 1999 cuando salió su primera oferta pública en la bolsa, las acciones de Webvan.com se cotizaban cerca de los 30 dólares y la compañía estaba valorada en 1.200 millones de dólares, pudo recaudar cerca de 375 millones de dólares de sus inversionistas, pero ese fue su clímax.

Los inversionistas pronto se dieron cuenta del poco margen de ganancia de la empresa y esto no soportaría sus planes de expansión. La compañía dejó de operar en julio de 2001 y para ese entonces su cotización en bolsa era de unos 6 centavos de dólar por acción. Webvan.com despidió a más de 2000 empleados tras su cierre. La empresa ahora es propiedad de Amazon.

El momento adecuado siempre llega, pero usted debe saber esperarlo, si usted se apresura o se ralentiza en los procesos que conllevan la estrategia de su organización, puede tener consecuencias negativas en general. El tiempo es muy importante, sobre todo cuando estamos tan cerca de lograr cosas importantes, como en el caso de Webvan.com, en donde ellos estaban cerca de lograr una expansión a lo grande, pero debieron primero observar la rentabilidad de la empresa, el descuido de este ítem causó la desconfianza total por parte de sus inversores. Contrariamente, una empresa como Amazon.com, pudo cubrir todas las expectativas y su ritmo de crecimiento fue al unísono con las necesidades del mercado, supo leer el momento adecuado.

❊ ❊ ❊

LA BURBUJA EN EL LIDERAZGO POSITIVO.

En póker no todos pueden llegar a la burbuja, de hecho ya estando en este punto, usted es parte de cerca del 15% aproximado que está muy cerca de llevarse algún premio en el torneo. ¿Qué lo detiene entonces entre ganar algo e irse con las manos vacías?, parece fácil pero no lo es, no haga tonterías.

Si usted ha escalado algunas posiciones dentro de su organización o dentro de la misma sociedad, sepa que ya tiene un buen camino recorrido, no hace falta mayores demostraciones exageradas de sus cualidades, ya sus superiores, compañeros y subordinados si los tuviese saben quién es usted y cuáles son sus cualidades.

No estamos indicando aquí que ya el trabajo está hecho, pero usted debe concientizar el avance que ha tenido y dejar de lado lo que algunos líderes practican y que a opinión de nosotros, es sumamente preocupante: la falsa humildad. Pensar que usted no se ha merecido los alcances que ha tenido en su desarrollo personal o profesional, sólo lo hace desconocedor de la realidad que lo rodea y entorpece su camino hacia los objetivos primordiales que se ha planteado desde que comenzó este gran torneo del liderazgo positivo.

En cambio, poder responsabilizarse de sus acciones, tener en cuenta lo que usted ha hecho por sí mismo y cómo no, con ayuda de algún grupo de colaboradores, le permite darse cuenta de sus herramientas, las mismas que necesitará más adelante y con mucha más premura que ahora.

El liderazgo positivo significa estar presentes en todo momento, es decir, no ausentarse en ningún momento ni mental, ni emocionalmente, hay que ser asertivos en las acciones que lo seguirán guiando más adelante. Por eso insistimos, sea consciente de su trayectoria y haga los pequeños cambios que considere pertinente, pero no exagere porque esto le puede traer algunos problemas.

Otra visión en cambio es de aquellos profesionales que se encuentran "estancados" en su avance a través de una organización y no logran despegar, han tenido unos pocos avances al inicio de sus carreras pero de pronto se han quedado varados y ven como son escogidos otros profesionales de sus mismas características para tomar mayores responsabilidades.

En este caso, como en el póker, usted se encuentra corto en su *"stack"* y para no irse eliminado antes que llegue el momento de explotar la burbuja, usted debe realizar cambios significativos en su personalidad, en su desarrollo personal, académico, familiar, etc.

Cuando un líder positivo se encuentra en esta situación que, incluso pudiera darse por factores externos, y quiere salir de ella, es necesario hacer cambios radicales que convenientemente mejoren su posición respecto a sus colegas. Ya usted avanzó bastante pero ha llegado hasta aquí con complicaciones, pues debe tenerlo presente de inmediato para aplicar las correcciones necesarias.

Tal vez deba desarrollar algunos puntos blandos como la inteligencia emocional por ejemplo, o la oratoria para una mejor comunicación con sus compañeros. Quizás la debilidad se encuentre en aspectos directamente relacionados con su carrera profesional, entonces haga un curso, inicie una carrera, mejore su conocimiento en el área donde le piden desarrollarse para que pueda destacar y volver a la senda ganadora.

Pídale a algunos de sus compañeros, familiares y cercanos de confianza que le hagan una evaluación sincera, tal vez usted no está viendo lo que otros sí y una alternativa es pedir consejo de un tercero que sea imparcial.

En cualquiera de las dos situaciones que usted se encuentre, siempre tenga en cuenta que debe estar presente en todo momento, tanto si va por buen camino como si está teniendo dificultades, debe usted estar consciente de ello. Hágalo y verá cuán fácil será aplicar estrategias individuales según la situación y las características a añadir o mejorar. Recuerde que un líder positivo siempre debe estar presente en todo momento.

❋ ❋ ❋

FASE DE PREMIOS. *HAZ LOGRADO ALGUNAS COSAS, PUEDES MEJORAR.*

¡Hemos logrado el primer objetivo! Conseguimos entrar en la fase final del torneo, hemos entrado en los puestos premiados, todo lo que viene de aquí en adelante es ganancia. Ya pudiste lograr conseguir pagar tu entrada y además vas a obtener un poco de ganancia, te felicito.

Pero, ¿Eso es todo lo que querías obtener después de estar sentado horas jugando? Es una buena pregunta ¿no? Después de todo, no sólo tú te estás haciendo esa pregunta, todos los que están contigo jugando ahora mismo, se hacen la misma interrogante, porque el camino andado puede ser más productivo si así te lo propones.

Una vez que llegas a la fase final de un torneo de póker, dependiendo de tus objetivos finales, puedes estar más o menos satisfecho. En esta fase habrá jugadores que apenas pudieron llegar con vida, así que ellos, en las primeras de cambio intentarán doblar su *"stack"* yéndose *"all in"* con la mayoría de las manos que tengan para jugar.

Pero, esperando que tú corras con una suerte distinta y por supuesto mejor, hay estrategias importantes que debes seguir para poder tener éxito en esta fase y llegar a la mesa final, la mesa donde se reparte la mayor cantidad de dinero en premios, por supuesto que mientras más lejos llegues será mucho mejor el beneficio que obtengas, por ello te conviene saber algunas técnicas para tener éxito en esta fase y no quedarte con poco al nublarte los primeros premios que se entregan.

Aunque las estrategias son casi infinitas según la cantidad de ciegas con que llegues a esta parte del torneo, vamos a resumir lo que indican algunos de los profesionales para tener éxito en esta etapa. Existen tres posibilidades generales de cómo llegues a esta fase y depende de ello tu juego, por eso, en primer lugar te aconsejamos tratar de mantener tu *"stack"* saludable ya que, mientras mejor estés de fichas, mejor podría ser tu desarrollo y podrás sacar mayor provecho en esta situación.

La primera situación que te podemos plantear es que llegues a esta fase con muchas ciegas, cuando hablamos de muchas, nos referimos a tener más de la media en fichas. La media de fichas en cualquier torneo, es la cantidad total de fichas divididas entre la cantidad de jugadores que hay activos en el torneo. Por ello, estar por encima de la media, siempre es un buen augurio. Si llegas a la etapa final con muchas fichas, es mejor ser selectivo, a diferencia de cómo se juegan algunas etapas, es aconsejable no jugar muchas manos, tampoco crear botes grandes, podemos crear estrategia para robar ciegas a jugadores con *"stack"* corto pero no debemos abusar de esto. Asimismo, si nos enfrentamos a subidas o resubidas de rivales que poseen una cantidad respetable de fichas, es mejor abandonar la mano a menos que nuestra mano sea de las mejores.

Pero existe la posibilidad de que lleguemos a la fase final con una pila de fichas similar a la media o alrededor de la media, entonces nuestro juego debe ser selectivo pero ampliando un poco el rango de juego y buscando siempre defender nuestra posición cuando estemos en ciegas. Ahora bien, aunque aquí nuestro ritmo debe ser más activo, no debemos exagerar en este tramo, tengamos en cuenta que aún podemos conseguir mejores manos, así que no dudemos en abandonar una mano si un rival aumenta la apuesta y nosotros tenemos una mano marginal. Podemos igualar *"all in"* de nuestros rivales siempre que tengamos manos más que respetables, debemos seguir cuidando nuestro *"stack"*

¿Y si llegamos a la fase final con un *"stack"* corto? Aquí estamos en la situación planteada párrafos antes donde referíamos que hay jugadores que "apenas" llegan a esta fase. Entonces, debemos ser irremediablemente agresivos. En esta situación pagaremos la mayoría de las veces los *"all in"* de nuestros rivales o nosotros lo haremos en la mayoría de las ocasiones con manos de rango medio o menor. Incluso un par bajo como 4 – 4 es buena mano en esta ocasión para irse *"all in"*. La razón es que como tenemos una pila de fichas tan corta, que necesitamos doblarnos o triplicarnos lo más rápido posible para llegar con solvencia a la mesa final. Y si no lo hacemos nosotros, las ciegas nos comerán y eliminarán de torneo de la misma forma. Es por ello que aquí la estrategia es ser lo más agresivos que podamos.

Como es claro, nunca jugamos igual en situaciones diferentes, las habilidades que desarrollamos durante el póker debemos tenerla presente en cada momento porque los escenarios cambian, nuestras oportunidades cambian y nuestros rivales también. En este caso la situación es la misma, la fase final, pero cómo lleguemos a ella, será la diferencia en la forma de jugarla, como se vio son muy diferentes las estrategias que se plantean. Y en este caso, quisimos plantearle en tres resumidas formas, hay profesionales que adoptan muchas más posturas según otros factores, pero para iniciarse en este mundo, es suficiente con tener en cuenta estos aspectos.

* * *

EL FINAL DE LA SEGUNDA GUERRA MUNDIAL.

Lo importante de saber cómo llegas a una instancia, sea cual sea ésta, es poder determinar los pasos que vas a dar y cómo te comportarás dependiendo de la situación en la que te encuentres.

Si usted no concientiza la situación en la que se encuentra, irremediablemente tiene altas probabilidades de cometer uno o muchos errores que terminen por acabar con sus sueños y objetivos planteados.

Para finales de 1942, ya Hitler estaba advertido por intermedio de sus generales en batalla que la guerra estaba prácticamente perdida, a estas alturas el Führer de Alemania ya había perdido el control sobre algunas naciones europeas que había invadido con anterioridad y hasta en el mismo norte de África, donde también habían llegado sus tentáculos, estaban siendo retomados por las naciones aliadas involucradas en el conflicto bélico.

Sin embargo, Hitler se negaba a rendirse, empujaba a su nación a continuar la guerra hasta "la victoria final", esperaba que un milagro pusiera de rodillas e hiciera retroceder a los aliados.

Un punto de inflexión fue la batalla de Stalingrado, una batalla que se libró por el mero orgullo del líder alemán que trajo consigo grandes bajas, pero además la desmoralización de sus tropas. Ese fracaso, fue un punto de no retorno para Hitler y los suyos.

Aún en esa época, Hitler tenía la capacidad de negociar una rendición pactada con los aliados, rearmarse, y más adelante poder cumplir sus sueños de invadir naciones y hacer aún más grande el Tercer Reich, como era su pensamiento, pero la avaricia no lo permitió y la batalla Stalingrado fue el declive para el ejército alemán.

Con todo y eso, Hitler y sus generales continuaron en su afán de llamar al pueblo alemán a defender el suelo patrio hasta el final, pero ya nada podía hacerse y al final terminaron siendo aplastados por la batería de ejércitos aliadas que terminó de aniquilar las pretensiones del dictador alemán de continuar su imperio de terror.

Saber cuándo terminar una batalla puede significar tomar un segundo aire y continuar más enérgicos que nunca y lograr los objetivos pretendidos, sobre todo si usted ha llegado a una etapa final de un torneo –o una batalla- con algunas fichas, las cuales puede permitirle negociar una rendición pactada, que no es lo mismo que una rendición incondicional.

Usted debe saber cómo llega a esta etapa final, debe estar consciente en todo momento de cuál es su situación y la de sus oponentes, no sólo en esta etapa, sino en todo el desarrollo de su proceso, pero aquí en crucial tenerlo en cuenta.

✳ ✳ ✳

FASE FINAL EN LIDERAZGO POSITIVO.

A diferencia del póker, en el liderazgo positivo no podemos decir que hemos llegado al final de nuestros objetivos, ni siquiera que estamos en fases finales porque lo ideal es que usted nunca termine de cultivar las cualidades que le permitan mejorar su liderazgo, siempre hay cosas que mejorar y añadir, sobre todo, porque en la vida real las circunstancias cambian constantemente y el entorno es muy dinámico y con mayores exigencias todos los días, hay que replantearse contantemente los proyectos en los cuales nos embarcamos y las ideas que vamos a proponer.

Ahora bien, en este camino, cuando iniciamos el recorrido, teníamos objetivos muy claros planteados; ser un gerente medio o alto de una división importante de una transnacional, ser el vice-presidente de una gran empresa, alcalde de su municipio, go-bernador, padre de familia, etc. Usted puede haberse propuesto cualquier objetivo pensando en ser un líder positivo, y en el medio de ese camino debió cumplir algunas tareas y objetivos que, aunque no lo llevaran directamente a al puesto que se plan-teó originalmente, sí que lo acercaron lo suficiente a la meta y hoy está más cerca que nunca.

Los procesos llevan tiempo, si usted quería ser el presidente de una gran corporación por ejemplo, y ahora es vice-presidente de alguna de las divisiones de esa misma corporación, déjeme de-cirle que usted está en la fase final de su proyecto, entonces las estrategias que maneje de aquí en adelante deben ser diferentes a las que venía usando con anterioridad.

Pero, ¿cómo llega?, en qué condiciones está usted frente a sus pares o ante los que van a determinar su candidatura a la presi-dencia, esto es muy importante, debe concentrarse en usted y en los demás y en ese orden; primero usted y luego en los demás, eva-lúe el entorno y aplique las estrategias sugeridas en el póker.

¿Es usted el favorito de la junta administradora para ser si-guiente presidente de la compañía?, siga impulsando las mismas estrategias e ideas que ha venido teniendo desde el inicio, agre-gue de a poco, y sin exagerados cambios ideas novedosas que lo impulsen cada vez más a donde usted apunta. Por el contrario, ¿Llega usted con desventaja a esta fase final?, igualmente aplique las técnicas del póker en este caso, sea más agresivo, replantéese la forma en que presenta las ideas, los proyectos, busque una mejor manera de interrelacionarse, sea proactivo en la búsqueda de sus debilidades y minimícelas, además fomente con mayor ahínco sus fortalezas, no se precipite a echar todo por la borda cuando ya ha recorrido un buen trecho, pero debe ser agresivo en sus cambios. La agresividad tiene que ver con los tiempos y el cambio de actitud. Concientice eso y verá como comienza a subir como la espuma.

En esta etapa es fundamental tener en cuenta saber quién es y a dónde quiere llegar, aún no lo ha logrado, pero está muy cerca, ha tenido cualidades que lo han llevado a un punto alto, pero aún le falta recorrer algo de camino para lograr lo que se planteó al inicio de este largo viaje, no pierda el objetivo, esté claro con las estrategias que va a usar próximamente.

* * *

MESA FINAL. *PUEDES LLEGAR A DONDE SIEMPRE IMAGINASTE.*

¡Has llegado a la mesa final! ¡Felicitaciones! Quiere decir que has jugado muy bien, no todos tienen este privilegio, imagina que el torneo era de 1000 participantes, pues tú formas parte del 0.9% que logró meterse en la mesa final, todo un logro, allí sólo llegan los grandes, pero aún no finalizas el torneo, ya puedes oler los dólares cerca de ti, estas a punto a multiplicar la entrada que pagaste por 100 veces o más en unas horas de juego, fueron difíciles, pero ya estás dentro de este privilegiado club, así que vamos manos a la obra y veamos qué estrategias podemos usar para poder llegar a lo más alto del podio de los ganadores, no será fácil por supuesto, tendremos a duros rivales que también han llegado aquí gracias a su habilidad, disciplina y coraje, pero tampoco es imposible.

Prácticamente usted tiene todo lo necesario para llevarse el torneo y ser el campeón, sólo le falta realizar algunos ajustes para poder mantenerse hasta alcanzar el premio mayor, pero no olvide que su talento y habilidad lo trajo hasta aquí. No dude de él en ningún momento.

Los entendidos parecen estar claros en algo, no es buen momento para especulaciones en esta parte del torneo. En la mesa final no se sientan todos, sólo están allí los nueve mejores, así que cualquier error en esta parte del torneo puede costar muy caro, sobre todo por dos cuestiones fundamentales: la primera es que las ciegas en este momento tienen mucha importancia, cualquier pérdida por pequeña que parezca es significativa y, lo segundo es que cada escalón que usted alcance en esta etapa tiene un valor sumamente importante, no es lo mismo llegar de cuarto que de tercero en este tipo de torneo, la diferencia puede ser dejar de ganar un 40% más por ejemplo. Así que si el cuarto lugar gana 400 dólares, llegar tercero significa ganar entre 550 o 600 dólares. Y cuando usted está más arriba, mucho más amplia es la brecha que se hace.

Hay una frase que se estila aconsejar en esta etapa de los torneos y es el de la "agresividad selectiva" que no es más que ser agresivo, pero con criterio. Para ello es importante entender cuando tomar alguna postura en particular. Aquí en vez de hacer una división de tres partes, sólo estaremos haciendo una división de dos, es decir, los que tienen más fichas que la media y los que están por debajo.

Si usted está por encima vamos a indicar que usted es de los "Big stack"[34], esto nos indica que, al igual que en la etapa anterior debe usted tratar de dominar la mesa o continuar haciéndolo y para ello debe ser agresivo con los que tienen las pilas de fichas más cortas, pero no olvide algo, sea agresivo selectivamente.

Como dijimos anteriormente, cada bote que se gane o pierda es significativo en esta etapa, no ponga en riesgo su pila innecesariamente y, a su vez, no le de oportunidades a sus rivales de aumentar su "stack" tan fácilmente. Digamos que usted tiene 10 – J y antes de usted se va "all in" un jugador con 9 ciegas grandes; usted tiene 30 y después de usted hay dos jugadores más, el mayor de ellos tiene unas 20 ciegas. Como verá es una situación incómoda y es mejor abandonar esta mano aunque se sienta tentado a jugarla.

Ahora bien, usted tiene las mismas cartas y antes de usted un jugador subió 3 ciegas grandes, además después de usted el jugador que tiene más ciegas es de unas 10 o menos. En este momento sí que es productivo pensar en meter presión y subir 3 veces la cantidad que aumentó el jugador antes de usted, esto lo obligaría a irse "all in" y si tenemos en cuenta que tan solo subió unas 3 ciegas, podemos esperar que esté especulando con pares menores o manos similares o un tanto mejor que la de nosotros. De la misma forma, los rivales que están después de nosotros no se arriesgarán con todas sus fichas a jugar a menos que las manos que tengan sean muy buenas, en cuyo caso nosotros estaremos por detrás de ellos en algunas ocasiones, pero nuestra subida también los haría pensar en las cartas que tendríamos nosotros.

Para este ejemplo, observamos cómo tuvimos en cuenta nuestro *"stack"*, el de nuestros rivales y la forma en cómo se jugó la mano durante esa ronda. En primer lugar abandonamos pero en el segundo ejemplo fuimos a presionar a los jugadores que quedaban en la mesa. De eso se trata la agresividad selectiva.

Cuando nos ubicamos por debajo de la media y somos los *"short stack"*[35] entonces debemos ser más agresivos, en este punto es conveniente irnos *"all in"* con pares mediocres o manos marginales porque estamos muy comprometidos con las ciegas. En el mejor de los casos nos pagarán aquellos jugadores con las pilas de filas más altas y si éstos son muy agresivos, puede que tengan manos similares a la de nosotros, lo que nos pondría en igualdad de condiciones de ganar el bote o en mejores incluso. Si nos paga alguien con una mano buena, estaríamos por detrás de él aunque por poco y si la suerte nos sonríe, estaríamos doblando nuestra cantidad de fichas. En definitiva, es de mucho provecho poner el poco arsenal que nos queda en juego para buscar tener una mejor posición de cara a las siguientes manos y nos servirá para mejorar nuestra imagen respecto a los demás quienes nos verán como un oponente que no teme a arriesgar todas sus fichas para buscar mejorar su estatus.

En todo caso, estando cortos de fichas o con una posición envidiable, no es recomendable ser agresivo con manos realmente malas, esto es un error que cometen muchos jugadores que caen en la desesperación por doblar su pila de fichas cuando tienen pocas o de eliminar jugadores cuando tienen muchas. Recuerde usted: agresividad selectiva es la clave en esta parte del torneo.

✢ ✢ ✢

LA AGRESIVIDAD SELECTIVA DE HENRY FORD.

A inicios del siglo XX el mundo estaba experimentando lo

que se conoció tiempo después como la segunda revolución industrial, en esa época estaba en apogeo el automovilismo luego de su aparición años atrás. Muchos constructores de Europa y Norte América competían para ganar una cuota de mercado ante la insaciable sed de la demanda que aumentaba cada vez más.

Henry Ford, hijo de unos agricultores de Michigan fundó la Detroit Automobile Company en 1899 y para 1903 la Ford Motor Company. En esos años, el proceso de manufactura de un automóvil no variaba mucho entre las compañías que los hacían, siendo principalmente la forma de hacerlo unidad por unidad, donde un grupo determinado de operarios se encargaban de montar las piezas de un vehículo y al terminar, repetían el proceso con otra unidad.

Debido a su proceso, fundamentalmente igual para todas las compañías, los recursos limitados de las empresas y el alto número de operarios involucrados en los procesos, los vehículos eran principalmente un producto de lujo debido a sus elevados costos de fabricación, un selecto grupo de personas eran los compradores finales de las unidades.

¿Cómo ampliar el mercado, expandir la empresa sin afectar los costos de fabricación y hacer el producto más accesible? Éstas eran algunas de las preguntas que se planteó Ford para comenzar a implementar algunos cambios sustanciales que no sólo sustituyó la forma de fabricar autos, sino que trajo consigo la una revolución completa en los procesos industriales de manufactura.

Ford introdujo la cinta transportadora, con esto, el auto ya no se tenía que mover manualmente mientras le colocaban las piezas. Adicionalmente, se introdujo una plataforma móvil por encima que permitía colocar las diferentes piezas al chasis. Finalmente, los obreros no tenían que ir colocando cada pieza en los lugares donde les correspondía, sino que cada obrero, se encargaba únicamente de colocar un pieza particular en un sitio específico del chasis y esto a su vez, ayudó a instaurar la especialización por tareas, que también trajo consecuencias positivas en la producción. El Ford Modelo T pasó a elaborarse de 12.5 horas a 93 minutos y esto tuvo una notable repercusión en sus precios evolutivamente, al pasar de ser vendido en 850 dólares en 1908 a 250 dólares en 1927 cuando cesó su producción. A los obreros se le mejoró el salario y las horas de trabajo, pasando de laborar más de 12 horas por turnos a 8 horas de jornada diaria, lo que permitió también implementar un tercer turno de trabajo.

Todos estos cambios, sustanciales por demás crearon no sólo las bases para el crecimiento exponencial de la empresa Ford Motor Company y que ésta fuera la líder en el mercado de automóviles para la época, sino que además también sirvió para que otras industrias replicaran el modelo de la cinta transportadoras y la especialización de la mano de obra con el consecuente aumento de la producción y reducción de costos en todos sus ámbitos.

Los cambios radicales de Ford –su agresividad selectiva-, le permitió ser líder del incipiente mercado de la industria de automóviles y además una referencia en el futuro en procesos manufactureros. Saber cuándo hacer los cambios importantes, fue la clave.

❊ ❊ ❊

MESA FINAL EN EL LIDERAZGO POSITIVO.

Desde el apartado anterior hemos dicho que en realidad no existe un fin, una conclusión en el liderazgo positivo, sobre todo entendiendo que los tiempos actuales y futuros traen mayores exigencias a los líderes y sabiendo esto, no podemos ser mezquinos hablando de un final que en realidad no existe.

Pero dependiendo de las metas que nos hemos propuesto, siempre cabe recordar en qué lugar estamos y es ahí donde conceptos como "mesa final" entran en nuestro análisis, porque ya hemos entendido la manera de trabajar cuando estamos en "fases finales" pero ahora estamos en una parte más específica de esa fase, la mesa final.

Ya aquí suponemos nosotros que hemos aprendido lo suficiente en nuestro trayecto, tenemos habilidad y experiencia en estas lides y estamos muy cerca de conseguir el gran premio, aunque lo hecho hasta ahora es digno de quitarse el sombrero. No sólo hemos logrado superar la media de jugadores y además hemos avanzado a través de la fase final, sino que llegamos a la mesa final, donde sólo los mejores están.

Así como Ford logró ser líder de una compañía en particular como Ford Motor Company, usted también ha logrado éxitos de los cuales sentirse orgulloso, pero también como él usted debe exigirse al máximo si además quiere ser el referente de lo que hace en cualquier ámbito que usted desee.

Henry Ford introdujo cambios que repercutieron cambios en toda la industria manufacturera, usted también debe apelar a su agresividad selectiva para ser el mejor, debe ser el mejor de todos, debe transformarse en la persona referencia del sector. Si ya de por sí usted ha logrado deslumbrar con sus éxitos, pues ahora tiene la posibilidad de mejorar su entorno.

Estar en la mesa final significa que el nivel de persuasión, empatía, seguridad, confianza y optimismo que usted transmite es profundo y por ello debe apelar a esas cualidades aún más para poder escalar posiciones. No se nuble, no se conforme con lo que ha logrado hasta ahora, sea persistente, porque usted tiene las capacidades de seguir logrando cosas mejores.

Muchos líderes "aflojan" la marcha porque han logrado algunos éxitos y luego se ven superados por colegas que antes estaban por detrás de ellos, pero la diferencia fue que no se conformaron, siguieron aprendiendo, mejorando y creciendo, esto los llevó a superarse a sí mismos y a sus rivales y colegas.

Tener uno o dos éxitos lo puede hacer perder la brújula de su norte, pero la humildad y concientización de las situaciones por las que pasa, le permitirán poner los pies en la tierra y asumir su rol de liderazgo, lo hará entender la responsabilidad que tiene en sus hombros y le hará saber que de usted dependen muchas personas, situaciones y grupos de interés, con lo cual su capacidad de crecimiento no parará, el impulso seguirá siendo el mismo o incluso mayor mientras los retos sigan estando en su horizonte alcanzable.

CAPÍTULO IV.

Faese de una mano. Fases
del liderazgo positivo

JUEGO PRE-FLOP. *TUS RECURSOS COMO LÍDER.*

Hasta ahora hemos descrito cómo podemos desarrollar nuestras estrategias en cada etapa de un torneo en particular, pero nos toca en este momento hacer zoom al panorama y ver cómo desarrollamos estrategias en nuestras manos, después de todo son las pequeñas batallas que debemos librar para ir avanzando en nuestro torneo. Si pensamos en el juego de póker como en una guerra, podremos decir que las manos que juguemos son como batallas que, si las ganamos en su mayoría, podremos ir avanzando y, finalmente, ganar la guerra o por lo menos, estar cerca de ello.

En muchos portales de internet, podemos conseguir bastantes guías, cursos y tablas especializadas en el juego de póker, éstas nos indican la manera en cómo podemos jugar en cada escenario que se nos presente dependiendo de las cartas que tengamos en nuestro poder.

Sin embargo, estos estudios se lo vamos a dejar a personas que se decidan a jugar al póker de manera profesional, personas que decidan especializarse en esta actividad y realmente decidan invertir todo su tiempo en poder generar ingresos jugando a las cartas con una disciplina estricta y que, de ser efectivos, lo podrán llevar a niveles altos y obtener muchos ingresos.

Ciertamente, quienes juegan al póker de manera profesional, dedican muchas horas de su vida a estudiar estrategias, es por ello que son tan buenos en las mesas, pero para esto es necesario, como ya dijimos, una dedicación exclusiva a este oficio como lo exige cualquier actividad en la cual usted quiera desempeñarse y ser el mejor.

Mientras tanto, nosotros nos dedicaremos a indicarle algunos tips que puede tener en cuenta para jugar de manera general, recuerde que en ningún momento queremos ser una guía para ser los mejores en el juego de póker, pero sí queremos dar algunos indicios para que usted pueda jugarlo, divertirse y cómo no, si le gusta, luego podrá especializarse.

En el juego preflop es importante dónde se encuentra ubicado usted en la mesa, esto le dará pistas de cómo debe desenvolverse según las cartas que le den y dependiendo de cómo sus oponentes han actuado.

El primer consejo que le queremos dar a usted es que, en estas instancias, salvo contadas excepciones, usted no haga *"call"*, es más recomendable subir si tenemos buenas cartas o abandonar en el caso contrario. La idea es simple: si tiene buenas cartas, no le dé la oportunidad a sus oponentes de jugar arriesgando poco, busque la forma de incrementar el bote; ahora bien, si usted no tiene buenas cartas, pues no le busque las cinco patas al gato, retírese, ya le vendrán mejores cartas para jugar. Los *"call"* son movidas excepcionales cuando por ejemplo usted se encuentra en cualquier posición de ciega o particularmente tiene algún para de cartas que le parezcan buenas, alguien ha subido y a usted no le parece descabellado hacer ese *"call"* para ver si empalma un buen flop.

Digamos que en su mesa todos los jugadores han abandonado antes que usted, pues es momento de hacer una subida, pero ¿cuándo?, sencillo: con cualquier par superior a 2-2 si está en la posición de ciega pequeña, superior a 3-3 si está en el botón, superior a 4-4 si está en Cutoff y así sucesivamente hasta llegar a la posición UTG. Si usted ha visto las posiciones en la mesa, observará que según su posición a medida que usted está más a la derecha, el par para subir debe ser superior. Esto es especialmente comprensible sobre todo porque mientras más a la derecha esté usted, más jugadores quedan aún por actuar.

¿Y si no tengo par?, no se preocupe, también hay manos que no son pares con las cuales usted podrá subir. Por ejemplo, si usted está en la posición *"small blind"* o ciega pequeña y tiene una mano del tipo 7-6 *"suited"*[36] o mejor, usted también debería subir, si se encuentra en el botón, con cartas 8-7 *"suited"* o mejor podría subir, si es que está en la posición cutoff, con cartas 9-8 *"suited"* o mejor, podrá hacer lo mismo. Notará que a medida que nos vamos a las posiciones de la derecha, tendremos que aumentar el valor de las cartas para subir, esto ocurre porque faltarían más jugadores para actuar. De todas formas, al final de este apartado dejaremos una tabla guía.

Puede ocurrir que tampoco le lleguen cartas del mismo palo, sin embargo, en algunos casos también se puede subir. Con 9-8 *"offsuited"*[37] o mejor en la posición de ciega pequeña puede atreverse a hacer una subida. En el botón y en el cutoff con J-10 también podría. Como en ocasiones anteriores, a medida que empeore su posición, sus cartas deben ser más fuertes.

Pero te puede ocurrir que en la mano un jugador o varios hagan subidas, como ha ocurrido en el caso de que nadie suba, tu posición y tus cartas dependerán de cómo te debas comportar. En las siguientes tablas, tomadas del portal Poker Strategy[38] se observa el resumen del juego cuando ningún oponente ha subido, cuando sube un oponente, cuando sube más de uno y cuando hacen incluso *"three bet"* o *"3 bet"*[39]

4.- Tabla "First in". Cuando todos abandonan
y tú eres el primero en subir.

	UTG	UTG1	UTG2	MP1	MP2	MP3	CO	BU	SB
PAREJAS	99	99	88	77	66	55	44	33	22
MANOS DEL MISMO PALO	AJs	ATs	ATs	A9s	A8s	A5s	A2s	A2s	A2s
	KQs	KQs	KJs	KJs	KTs	K9s	K8s	K5s	K2s
				QJs	QTs	Q9s	Q9s	Q7s	Q4s
					JTs	J9s	J9s	J8s	J5s
						T9s	T9s	T8s	T8s
							98s	98s	96s
								87s	86s
									76s
MANOS DE DIFERENTE PALO	AQo	AQo	AJo	AJo	ATo	A9o	A7o	A2o	A2o
			KQo	KQo	KJo	KJo	KTo	K9o	K8o
						Qjo	QTo	QTo	Q8o
							JTo	JTo	J8o
									T3o
									98o

	UTG	UTG1	UTG2	MP1	MP2	MP3	CO	BU
PAREJAS	JJ	JJ	TT	99	88	77	66	55
MANOS DEL MISMO PALO	AKs	AKs	AQs	AQs	AJs	ATs	A5s	A2s
					KQs	KCs	KJs	K9s
								QJs
M. DE DIFE-RENTE PALO	AKo	AKo	AKo	AQo	AQo	AJo	A9o	A7o
							KQo	KJo

5.- Tabla de subidas cuando un jugador ha subiido delante de nosotros.

6.- Tabla de 4 bets.

	Jugadores que ven		
	1	**2**	**3+**
PAREJAS	55/TT	22/JJ	22/QQ
CONECTORES DEL MISMO PALO (32s-JTs)	T9s/-	87s/-	65s/-
MANOS DEL MISMO PALO	-/AJs	ATs/AQs	ATs/AQs
	KQs/-	KTs/-	KTs/-
	QJs/-	QTs/-	QTs/-
	-/-	J9s/-	J8s/-
MANOS DE DIFEREN-TE PALO	-/AQo	-/AQo	-/AQo

En la última tabla observamos que existen variantes también para hacer 4bet[40], en este caso, sólo seguiremos aumentando con las llamadas cartas "Premium".

Lo que podemos concluir en el estudio de esta fase *"preflop"* es que sin importar los niveles donde estemos jugando, siempre va a ser preponderante nuestra posición y nuestras cartas. Aquí se le ve la cara "habilidosa" del póker.

Debemos aclarar algo importante, las tablas presentadas no son más que una simple guía para tener en cuenta, si todos siguieras éstas tablas al pie de la letra, sería fácil darse cuenta de las estrategias de los rivales, sin embargo, sí que es importante destacar que para jugar al póker se debe estudiar mucho y en diversas condiciones. Tablas como las presentadas son las que usan los grandes profesionales para estudiar y mejorar su juego, las variantes las agrega cada jugador de manera individual según se vayan dando las condiciones en el torneo.

❈ ❈ ❈

LA GUERRA DE COREA.

Entre el 25 de junio de 1950 y el 27 de julio de 1953 se dio un conflicto bélico en Corea denominado "Guerra de Corea". Todo comenzó en 1945, cuando al finalizar la Segunda Guerra Mundial y tras caer las dos bombas atómicas en Hiroshima y Nagasaki, la URSS y los EE.UU deciden dividir a Corea en dos mitades a través del paralelo 38.

Por supuesto que, con sistemas de gobierno completamente distintos, cada país decidió imponer un sistema que convenientemente le beneficiara a cada uno de ellos, de esta manera, la URSS bajo sus estándares socialistas crea la República Popular Democrática de Corea en el norte mientras que los EE.UU crean la República de Corea en el Sur.

Para 1948 la unión soviética finalizó su ocupación y nacía Corea del Norte con su líder Kim Il Sun, por su parte, los estadounidenses también finalizaron su ocupación ese mismo año dando paso a Corea del Sur con su líder Syngman Rhee. Es de destacar que para esta fecha cada líder quería la unificación de Corea, pero bajo sus propios términos, condiciones y formas de gobierno.

Hasta el momento como vemos, cada parte de estos gobiernos mantenían su posición equilibrada respecto al otro y prácticamente estaban en igualdad de condiciones.

Para junio de 1950, en Corea del Sur se vivía un clima de inestabilidad política, incluso el mandatario actual era acusado de dictador por personas procomunistas y algunos sectores obreros. Aprovechando esto, la URSS comandada por Stalin, autorizó la invasión de Corea del Norte al sur, así atravesaron el paralelo 38. La invasión tuvo tanto éxito, que los norcoreanos arrasaron con el territorio surcoreano arrinconando las fuerzas surcoreanas hasta el último bastión: Pusan, la actual Busan.

Bajo estas circunstancias vemos como aprovechando la debilidad del régimen de Corea del Sur, los del norte, con el apoyo de los soviéticos, pudieron mejorar su posición considerablemente, ya casi tenían tomado del control de prácticamente todo el territorio sur coreano.

Pero los Estados Unidos respondieron lo más rápido posible, dejando sorprendidos a Stalin, China (que para ese momento y bajo el mandato de Mao Zedong apoyaba a los norcoreanos) y la misma Corea del Norte. Aprovechando su poderío de potencia y bajo el amparo legal del Consejo de Seguridad de la ONU, que los mismos estadounidenses convocaron y sin la asistencia de la URSS que no acudió como protesta por no reconocer a la República Popular de China y la República Popular Democrática de Corea, los norteamericanos conformaron una fuerza bélica bajo el mandato de Douglas MacArthur que rápidamente hizo retroceder a las fuerzas invasoras e incluso lograron avanzar hacia el norte tomando su capital Pyongyang. China, también intervino en rescate de los norcoreanos e hizo retroceder una vez más a los estadounidenses y las fuerzas de seguridad de la ONU cuando observaron cómo éstos arrinconaban a los norcoreanos casi hasta la frontera con los chinos. Después de meses seguidos de escaramuzas, la URSS decide que lo mejor para finalizar el conflicto es firmar un armisticio que permite la convivencia de dos sistemas de gobiernos distintos en la península.

La guerra de Corea nos dejó claro que tu actuación va a depender de tu posición, al igual que en el póker, no se puede actuar igual en todas las fases de una guerra, las circunstancias siempre son cambiantes y esa dinámica del entorno nos obliga a adaptarnos y buscar mejores estrategias.

Cuando las fuerzas norcoreanas arrinconaron a los golpeados ejércitos de Corea del Sur, Estados Unidos tuvo que intervenir y éste usó la fuerza diplomática para hacer que el Consejo de Seguridad de la ONU avalara una arremetida bélica contra las fuerzas socialistas. Pero al sobrepasar los límites del paralelo 38, llegar hasta la ciudad de Pyongyang y amenazar con expulsarlos, intervino China con su poderoso ejército y nuevamente las fuerzas se nivelaron. Al final la URSS, que fue el país que inició la invasión junto a Kim Il Sun, propuso volver a colocar la frontera en el paralelo 38 y dejar por sentado que se pueden establecer dos tipos de regímenes en Corea. Al final se firmó el armisticio, aunque sin declaración del fin de la guerra.

❋ ❋ ❋

FASE *"PREFLOP"* EN EL LIDERAZGO POSITIVO.

¿De qué se trata esta fase *"preflop"* en el liderazgo positivo? Pues bien, se supone que aún no se reparten las cartas comunitarias, es decir, aún no hay condiciones comunes para usted y sus pares respecto a las acciones que deben ejercer en determinada situación.

Pero usted tiene una ventaja intrínseca respecto a los demás, usted se conoce, conoce sus fortalezas, debilidades y con ello sabe muy bien cuáles son sus oportunidades y amenazas que le brinda el entorno. Sabiendo esto, no debería ser complicado para usted tomar alguna ruta para lograr los objetivos que se ha propuesto respecto a un plan determinado.

Recuerde usted que el juego *"preflop"* se le va a dar a usted con cada mano que juegue, en este caso, hablamos de cada situación en particular, de cada reto que se le ponga por delante, y con cada una, usted ya sabrá con qué armas contará y sabrá si debe pelear esta batalla o dejarla pasar, tenga en cuenta que es ridículo gastar fuerzas innecesariamente, es por ello que debe escoger bien esas batallas, no todas son productivas.

Justamente el filósofo y guerrero chino Sun Tzu en su tratado "El Arte de la Guerra" nos indicaba que *debemos escoger muy bien nuestras batallas porque no las podemos librar todas. Hay batallas que valen la pena, hay batallas que son inútiles y hay batallas que sabemos que es mejor no meternos".*

Esto nos da una percepción acerca de los límites, todos debemos conocer muy bien nuestros límites, esto nos hace más sabio respecto a nosotros mismos. Es imposible entrar en una batalla si no sabemos a ciencia cierta si tenemos buenas oportunidades de ganar.

Cuando estamos hablando de liderazgo pasa lo mismo, no podemos hacer todas las cosas perfectamente en todo momento, pero sí que podemos ser los mejores en nuestra área y más aún, en una determinada rama de nuestra área.

La fase *"preflop"* del liderazgo positivo nos invita a observar bien nuestras cartas, seguro tenemos habilidades en las cuales somos muy fuertes, a veces somos los mejores y es ahí donde vale la pena pelear para obtener algún mérito de lo que sabemos, pero también conocemos donde tenemos falencias y es mejor no entrar en ningún campo de batalla en esas instancias, en este caso igual ganamos, ¿Cómo?, pues aprendiendo de los demás y mejorando nuestras técnicas para el futuro. Y recuerda muy bien que cuando eres el mejor, no vale la pena dudar, hay que subir las apuestas y obtener las mejores ganancias posibles, o sea, debemos confiar en nosotros mismos y embarcarnos en ese proyecto que tanto nos gusta, esto va a permitir posicionarnos como referente y podremos ayudar a muchas más personas, es uno de los fines fundamentales del liderazgo positivo.

❊ ❊ ❊

JUEGO POST-FLOP. *CONOCIENDO LAS CARTAS COMUNES.*

El juego "*postflop*" ya es mucho más avanzado, esto ocurre porque, como ya sabrás, el juego luego del "*preflop*" consta de tres pasos adicionales: a) las apuestas luego del "*flop*"; b) las apuestas luego del "*turn*" y c) las apuestas luego del "*river*".

Son tres escenarios muy distintos y cada uno tiene características muy variadas que, se diferenciarán entre sí en la medida que se vaya "moviendo" la forma en cómo apuestas tú y los rivales que se encuentren en la mesa, el tenor de dichas apuestas y la calidad de las cartas que vayan saliendo respecto a las tuyas. Para todo esto hay un mundo de explicaciones, manuales y cursos completos que usted puede consultar en la web donde puede tener una idea importante de cómo jugar en cada caso en particular y cuándo retirarse, sin embargo, es tan extenso el contenido que no abarcaremos todo en este libro, sería extendernos demasiado en particularidades que tienen su propia atmósfera particular y bien detallada, sin embargo, nos basta con que usted tenga las nociones básicas de los buenos jugadores, en todo caso recuerde que, la habilidad en el juego de póker la obtendrá con la experiencia y para profundizar en el tema, en internet usted encontrará cursos en escuelas e incluso universidades online dedicadas al mundo del póker.

Recuerde que ya hubo una roda de apuestas *"preflop"* y esto determinó algunas consideraciones, por ejemplo, ya sabe usted quiénes abandonaron la mano y quién o quienes se quedaron para ver el *"flop"*, y si usted ha llegado hasta aquí, entonces debe tener buenas o prometedoras cartas que le permitan entrar en el juego.

Normalmente, en las fases iniciales de un torneo, entre dos y tres jugadores ven el *"flop"* con usted, así que tendrá que observar su posición y las apuestas de sus rivales para saber cómo actuar en el futuro. En las fases más avanzadas el número de jugadores que normalmente ven las primeras tres cartas comunitarias con usted varía entre uno y dos. Son raras las veces en las que entren a jugar más de tres jugadores.

Es importante que entienda lo siguiente: ya usted tiene cinco cartas con las que puede armar su mano, recordemos que el póker es un juego donde cada mano la ganará aquel jugador que tenga la mejor combinación de cinco cartas, en total, si llegan hasta el *"river"* los jugadores pueden armar su combinación con un total de siete cartas, dos propias y cinco comunitarias. A estas alturas, usted debe saber que el *"flop"* es un paso crucial en el juego puesto que se involucran las primeras tres cartas comunitarias que no sólo le servirán a usted sino también a sus rivales.

¿Fue el *"flop"* positivo para usted? ¿Qué tan positivo fue? Son las primeras dos preguntas que usted debe resolver antes de que le toque su turno de hablar en la mesa, es decir, de decidir si pasa, apuesta o sube una apuesta previa. En el caso de que haya sido positivo ¿Cómo jugará ahora su mano? ¿Cuánto dinero deberá apostar? También son las preguntas que debe responder en simultáneo y que deberá hacerlo tomándose el tiempo adecuado para ello, recuerde que los demás jugadores estarán haciendo el mismo análisis.

Supongamos que usted apostó en el *"flop"* una mano del tipo A – K *"suited"* que es de las denominadas "Premium cards"[41] y dos rivales le pagaron esa apuesta, luego en el *"flop"* salen las siguientes cartas: A – 10 – 8 y dos de las cartas además son del mismo palo que el A – K que usted tiene. En este caso, es evidente que usted lleva una muy buena posición aún y cuando no ha visto las apuestas de sus rivales, es muy sencillo suponerlo haciendo un trabajo de análisis y memoria.

En apartados anteriores hemos dicho que la posición en la mesa es muy importante y esta va a determinar cómo desarrolle el juego usted en cada mano que juegue. Digamos que usted es el primero en hablar luego del *"flop"*, hemos sugerido también que la idea del póker es sacarle el mayor provecho a las manos cuando tiene claro que lleva la delantera como en este caso. Si usted debe accionar primero, siempre es recomendable haber analizado a los jugadores que tiene enfrente, si son jugadores muy *"tight"* por ejemplo, una apuesta muy agresiva suya los espantará y terminarán por abandonar la mano. En el caso de que sean agresivos, es una alternativa apostarle una cantidad que le permita obtener dividendos con las siguientes cartas que salgan, digamos que podemos apostar un tercio del bote que se encuentra en juego. No queremos ahuyentarlos, sino invitarlos a jugar. La razón de la apuesta es muy simple, usted tiene una *"top pair"*[42] y además un proyecto de color muy interesante, es decir, que usted tiene buenas oportunidades de mejorar su mano considerablemente. En el caso de que uno varios jugadores le paguen la apuesta, y dependiendo de lo que salga en el *"turn"* se debe ir planeando subidas de apuestas más agresivas con el objetivo de obtener mejores ganancias.

Pero no siempre las cosas salen como parecen, así que digamos que tenemos en nuestro poder las siguientes cartas: K-8 y con el *"board"*[43] 8-A-J. En este caso tenemos un par, pero existen un par de cartas más altas en la mesa, por lo tanto debemos ser más precavidos al momento de apostar en caso de que lo hagamos, otra alternativa sería pasar para ver el comportamiento de nuestros rivales y si tenemos la oportunidad, ver qué nos ofrece el *"turn"*. Si hemos estudiado a nuestros rivales lo suficiente y vemos que éstos son muy *"tight"* y tenemos la posibilidad de presionar a través de una apuesta lo podemos hacer pero siempre con mucho cuidado. Ahora bien, qué pasaría si uno de nuestros rivales hace una apuesta de la mitad del bote por ejemplo, en este caso estamos ante la duda de si podemos pagar esa apuesta o mejor nos retiramos y la decisión se basará en algunas consideraciones previas que tengamos del jugador por ejemplo y el tamaño de su apuesta.

Como has observado, sólo en estos dos ejemplos hay muchas condiciones que varían dependiendo de factores tales como, el tipo o los tipos de jugadores a los cuales nos enfrentemos, el tamaño de las apuestas realizadas, nuestra mano y la posibilidad de armar algún proyecto en las siguientes cartas comunitarias, etc.

Hay algunas consideraciones matemáticas que se toman en cuenta para calcular lo que se denomina como "la fuerza de una mano" que no es más que las posibilidades de que la mano tuya tenga posibilidades ciertas de ganar frente a la de tus rivales. Aunque no vamos a entrar en este tema a fondo sí quisiéramos antes de acabar este capítulo darte un concepto que se maneja mucho en póker y es el que se refiere a las *"outs"*. Éstas, no son más que aquellas cartas que, en caso de que aparezcan en el *"turn"* o en el *"river"* posibilitaría que ganaras el enfrentamiento ante tus rivales y hay formas matemáticas de poder deducirlo.

Siempre los ejemplos ilustran mejor una situación particular en la práctica. Digamos que tenemos como cartas tapadas A – 6 "suited". En el *"flop"* aparecen las cartas 7 – 3 – 8 y dos de esas cartas son del mismo palo que la de nosotros, por lo tanto sabemos que si sale otra carta del mismo palo tendríamos un color, ahora lo que queremos saber es ese porcentaje de probabilidad que tenemos que salga esa carta adicional.

Existe en póker una regla muy sencilla que algunos denominan "la regla del 4 y del 2" y que no es más que multiplicar por 4 las *"outs"* que tenemos si aún faltan dos cartas comunitarias por salir o por 2 si sólo falta por salir el *"river"*. En el ejemplo que estamos dando hacemos lo siguiente: Observamos que tenemos cartas del mismo palo y en un baraja sabemos que hay 13 cartas del mismo palo, por lo tanto como nosotros tenemos dos y en el *"flop"* hay dos más, entonces quiere decir que faltan 9 cartas más por salir (9+4=13). Tomamos el 9 y como aún falta el *"turn"* y el *"river"* multiplicamos por 4. Total 36. Lo que nos indica que tenemos aproximadamente 36% de posibilidades de que tengamos un color en las próximas dos cartas. Este ejercicio simple se acerca bastante a la realidad ya que el porcentaje real es 36.40% y con ello tenemos suficiente información para poder actuar en consecuencia.

Si en el mismo ejemplo sólo faltara el *"river"* por salir, tendríamos que multiplicar el 9 por 2. Tendríamos un 18% aproximado de posibilidades. En realidad ese porcentaje es 20.50%. Bastante sencillo y muy apegado a la realidad.

Calcular nuestras probabilidades de mejorar nuestra mano siempre es efectivo a la hora de manejar nuestras siguientes apuestas y nos ayudará a darnos una idea de cómo van a ser éstas en las siguientes calles.

El juego *"postflop"* tiene muchos matices puesto que el juego se amplía en el sentido de cómo vayan ejerciendo presión los rivales y cómo es la textura del *"flop"*[44] para nosotros, o si por el contrario representa alguna posibilidad para nuestros contrincantes. La variabilidad del juego también dependerá de nuestra posición en la mesa y por supuesto los movimientos que hayamos hecho tanto nosotros como nuestros rivales en el juego *"preflop"*.

Como hemos dicho desde el inicio del libro, no pretendemos ser una guía definitiva en el juego de póker, pero algunos tips le podrían ayudar al iniciarse en el juego de cartas:

- ♣ Si usted fue el "agresor" en el juego *"preflop"*, es decir, fue el que subió apuesta, en el 70% o 80% de las veces deberá realizar apuesta de continuación.
- ♣ Si usted realiza una apuesta de continuación, y además entiende que lleva la delantera, con un "flop" seco[45], debe hacer una apuesta de continuación de 2/3 del bote en juego contra rivales débiles. Contra rivales fuertes hágalo de ½ bote ya que éstos pudieran *"foldear"* si su apuesta compromete el *"stack"* de ellos.

♣ Si usted sube luego del *"flop"* y alguno de sus rivales le re-suben la apuesta y usted tiene "Premium cards", no lo dude, vaya *"all in"*.

♣ Con pares medios o bajos en el *"flop"* usted puede subir apuestas en busca de que sus rivales se retiren y usted pueda robar el bote, pero en caso de re-subidas de su rival, evite meterse en problemas y retírese de la mano.

♣ Analice siempre el comportamiento de sus rivales en el juego *"preflop"* y téngalo en cuenta para el juego *"postflop"*.

El conocimiento de los rivales en la mesa es una herramienta útil en todo momento, el hecho de que usted no juegue una mano, no significa que no evaluará el comportamiento de los otros jugadores en la mesa, esta constante supervisión le servirá en el juego *"postflop"* y en las posteriores manos en la que participe usted.

❈ ❈ ❈

ADAPTACIONES EN EL BÉISBOL.

Todo el que conoce el juego de béisbol sabe que es un juego de estrategia, a diferencia de juegos como el fútbol o el baloncesto donde la acción es continúa, en el béisbol la velocidad es diferentes, los intervalos de acción física son periódicos, no siempre vemos a jugadores corriendo o bateando, muchas veces el juego se torna lento, pero es aquí un diferencial respecto a otros deportes.

En el béisbol cada lanzamiento que se realiza hacia el home es pensado, un pitcher no lanza una recta, una curva o una slider sólo porque le provoca, es un estudio minucioso que se realiza sobre el bateador en turno, el rival, las condiciones de juego y otros aspectos sorpresas, evaluados por los coach que se pudieran considerar en ese sentido.

Cuando vemos que un bateador va al home plate y se dispone a tomar su turno al bate y encuentra algunos corredores en circulación, vemos como constantemente mira a su coach de tercera, quien está realizando una serie de señas tanto a él como a los corredores, esto se hace con el fin de encubrir las estrategias que se tienen y que el rival no las sepa.

Asimismo, los receptores hacen señas con los dedos de las manos metidas entre sus piernas a sus lanzadores para que éstos sepan qué tipo de lanzamiento quieren en ese momento. Muchas veces esas señas que hace el receptor, vienen del dogout, donde el mismo manager o coach del equipo las realizan, también desde allí se dirigen estrategias de formación defensiva para que los jugadores ubicados en cada una de las posiciones se coloquen de una determinada manera.

El juego *"postflop"* tiene mucha similitud en el béisbol en el sentido de su adaptación dependiendo de las circunstancias y esto lo explicamos a continuación:

Cuando una mano en el póker está comenzando, nuestras apuestas se realizan tomando en consideración algunas pocas variables, como nuestras cartas y nuestra posición, básicamente eso determinará si entramos en juego en la mano o no. Luego en el juego *"postflop"* debemos considerar lo que nosotros y nuestros rivales hicieron en el juego *"preflop"*, los tipos de apuesta que hicimos con nuestras cartas, cómo está compuesto el *"flop"*, es decir, si ligamos algún par, trío o algo superior o algún proyecto, cómo está el bote, cuántos rivales tenemos ante nosotros, etc.

En el béisbol es similar, cuando se enfrentan los rivales en el inicio de un encuentro, no se toman en consideración tantas circunstancias particulares, sólo se observa quién es el bateador en turno y cómo ya el equipo habrá hecho algún trabajo previo de búsqueda de información, se tendrá una idea de cómo lanzarle. En el lado opuesto también habrán hecho un estudio previo y sabrá qué esperar del pitcher, entonces cada uno se conoce a su manera y aplica ciertas estrategias puntuales.

Pero al avanzar el juego, ocurren circunstancias que hacen que las estrategias se adapten a los nuevos escenarios. Por ejemplo, la estrategia aplicada al bateador al que un pitcher se enfrentó en el primer inning, sin hombres en circulación y sin outs, nos es la misma que se va a aplicar si el juego va por el octavo inning, ganando por una carrera, con las bases llenas y sin outs. En ese caso particular, se ha visto como la defensiva del cuadro interior suele cerrarse bastante en caso de que haya un rodado puedan lanzar la bola al receptor y forzar el out en home plate y evitar una carrera del rival. Esa formación no puede hacerse en el primer inning porque se darían ventajas al bateador de pasar al infield fácilmente.

En otro ejemplo tenemos al bateador zurdo y al cual se le hizo un análisis y se concluyó que el 80% de sus batazos son hacia el right field, pues a éste jugador la defensiva le juega cargado hacia esa parte del campo normalmente, pero imagínese usted si ese bateador viene en el noveno inning sin outs y la carrera del empate o de ganar el juego en segunda, lo más probable es que el manager del otro equipo decida pasarlo por bolas para enfrentar a otro bateador si es muy buen bateador.

En el caso de los pitchers pasa lo mismo, muchas veces en medio de un juego cambian a un lanzador y traen a uno zurdo para enfrentar al siguiente bateador que es zurdo también, en ese caso, normalmente el otro manager trae a un bateador derecho para "incomodar" al pitcher del otro equipo.

Es definitiva, así como en el póker, en el béisbol surgen algunas circunstancias de entrada en las cuales se aplican algunas estrategias, pero una vez que estas circunstancias cambian, a favor o en contra, las estrategias a aplicar deben reformularse y adaptarse a los nuevos escenarios. Y no sólo el béisbol tiene éstos cambios, muchos deportes lo tienen, pero en el béisbol encontramos una mejor analogía para representar lo que ocurre en el juego *postflop* del póker.

* * *

POSTFLOP EN EL LIDERAZGO POSITIVO.

A estas alturas del libro ya sabrás que es muy importante tu carta de presentación como líder positivo, es decir, tu actuar en el desempeño de tus funciones, sin importar a que nos referimos en este sentido, puede ser a nivel personal o profesional, pero tu actuación siempre va a ser tu carta de presentación, el desempeño que tengas en cada una de las actividades que realices será la imagen que los demás quieran copiar de ti, y para ser un líder positivo debes ser un ejemplo a seguir.

Esto lo comentamos puesto que luego del juego *"preflop"* vienen los siguientes movimientos que debemos dar para conseguir ganar una mano, ahora en nuestra vida. Pero como ya sabrás, no siempre las circunstancias están a favor de nosotros y debemos saber cuándo retirarnos de la mano que estamos jugando y cuándo apostar todo lo que tenemos para ganar o llevar adelante nuestro proyecto.

Sabemos que las circunstancias no las podemos manejar nosotros, el entorno nos permite moldearnos a escenarios que se van sucediendo y éstos pueden ser favorables o desfavorables y conocer esto es primordial para evitarnos inconvenientes a futuro.

Supongamos que usted es el líder de su comunidad o de un sector de ella y hacen una reunión para acordar que deben pavimentar una parte de una calle. Usted como líder es el encargado de llevar esa propuesta al alcalde su municipio para que apruebe los recursos del proyecto y se pavimente dicha calle. Estas gestiones ya las ha hecho usted antes en diversos proyectos y tiene una experiencia en esa área. Sin embargo, ha habido elecciones y ha sido electo otro alcalde y con él han venido a encargarse de los puestos subalternos otras personas que usted por supuesto desconoce, así que el trámite puede que tarde mucho más tiempo en ejecutarse ya que deben evaluar su propuesta con mucha más profundidad para ver si abarca todos los componentes de viabilidad. Esta circunstancia le cambia a usted sus planes y se lo comunica a los vecinos de su comunidad, entre ellos, hay una persona que trabaja para la nueva administración del alcalde y conoce al detalle los procedimientos pero por algún evento desafortunado anterior, usted y esa persona no se llevan muy bien.

En esta situación, debe usted evaluar la posibilidad de seguir adelante con el trámite del proyecto y ver la posibilidad de tener suerte ante la nueva administración de que se lo aprueben o la mala de que se lo rechacen; o por el contrario, desistir de hacerlo usted, intentar hacer las paces con su vecino y aprovechar la oportunidad de que él trabaja en la nueva administración para que agilice un proceso que además servirá para el bien común.

Esta situación es muy similar a lo que ocurre en el juego *"postflop"* a usted a veces se le pueden presentar oportunidades para ejercer su liderazgo de forma única. En el caso de que usted siguiera adelante con su empresa de hacer los trámites usted mismo del proyecto, estaría dejando a la suerte que se lo reciban y muy probablemente alargando los tiempos de espera. En cambio, retirándose oportunamente para que su vecino que trabaja en la administración lo haga, le permite lograr varias cosas: a) seguir siendo un líder comunitario positivo, que además delega funciones y toma decisiones siempre en beneficio de la comunidad y no en beneficio personal; b) lograr mejorar su relación con su vecino y con esto ganar su confianza y seguramente la de sus otros vecinos que vieron en usted su disposición al diálogo abierto y franco y c) conseguir el objetivo de pavimentar la calle de su comunidad en un tiempo relativamente corto.

Cuando las circunstancias se nos presentan complicadas, a veces son oportunidades que tenemos que verlas y aprovecharlas para mejorar nuestra posición como líderes positivos. Así como en el juego *"postflop"* debemos estar siempre atento a las circunstancias comunes que nos surgen en pleno desarrollo de nuestros proyectos, las acciones que debemos tomar y las que tomamos previamente y las acciones de nuestros compañeros para aprovecharlas al máximo. Aunque, como dijimos, el juego *"postflop"* tiene muchas variantes, y en nuestro camino se nos van a presentar muchas circunstancias diversas, es importante recolectar la mayor información posible de nuestro entorno, de nuestros compañeros, incluso de nuestros rivales y de nosotros mismos para ir mejorando de a poco, así nuestra imagen se irá forjando también de forma positiva.

CAPÍTULO V.

Consideraciones finales

EL AZAR EN EL PÓKER Y EN EL *LIDERAZGO POSITIVO.*

¿El póker es un juego de azar? Sea usted jugador de póker o no, seguramente se habrá hecho esta pregunta, o por lo menos tendrá una idea fijada de que en este juego, prevalece el azar antes que cualquier cosa, así que si tenemos buena suerte, podremos ser exitosos en esta actividad.

Pero si usted ha llegado hasta acá y ha leído con detenimiento los procesos que involucran el juego de cartas en el póker, tendrá ya muy claro que la habilidad prevalece antes que el azar. Ahora bien, la pregunta que valdría hacerse es la siguiente: si el póker es sólo cuestión de habilidad ¿Por qué no es un deporte? Y en el caso de que sea un deporte, entonces ¿Está libre del azar?

Son cuestionamientos básicos que podemos analizar por partes y que nos interesaría también demostrar mediante analogías que fácilmente podrán demostrar nuestra teoría.

Empecemos por la primera pregunta, por lo estudiado, hemos visto que el póker es un juego de mucha habilidad, misma que se gana con experiencia y mucho estudio, cabría entonces preguntarse el por qué aún no es considerado como un deporte. Bien es sabido que existen los denominados deportes mentales, los cuales se refieren a un tipo de deporte en donde lo más importante es la habilidad mental antes que el esfuerzo físico. Por ejemplo, un deporte como el baloncesto, el fútbol americano o el tenis, son deportes en donde lo primordial es estar preparado físicamente para poder sobresalir en un torneo o un juego en particular. De hecho, la mayoría de los deportes que conocemos exigen un esfuerzo físico para poder estar preparado para competir. Incluso en las peleas de sumo, deporte nacional del Japón en donde además lo consideran un arte, los competidores deben mantener un físico muy particular y deben ganar exceso de masa corporal, esto difiere de la mayoría de los deportes, incluso del boxeo o el levantamiento de pesas, donde las categoría máximas exigen a sus competidores ganancia de masa muscular pero con una tonificación particular, es decir, se trata de músculos muy bien trabajados. En el caso del sumo no es así, ya que la masa corporal que ganan los que compiten es mayormente de grasa. Pero aún esta actividad es considerada deporte.

Muchos cuestionamientos acerca del póker se basan en su propia naturaleza, y es que para desarrollar el juego es necesario realizarlo con apuestas, por lo menos en sus versiones más jugadas. Esto no ocurre con otros deportes, es decir, los jugadores participantes no deben realizar apuestas, esto de hecho es penalizado en la todos los deportes en general.

Pero para beneplácito de sus practicantes, en el año 2010, la Asociación Internacional de Deportes Mentales (IMSA por sus siglas en inglés) en su reunión anual celebrada en Dubai, el póker fue oficialmente aceptado como "deporte mental"[46] y a partir de entonces se encuentra a la par de juegos como el ajedrez o el bridge. El presidente de la Federación Internacional de Póker, Anthony Holden indicó en ese entonces que era ""un gran hito en nuestra campaña para lograr la aceptación mundial del póker como un juego de habilidades estratégicas. Con el tiempo, esto debería ayudar a que el póker se libere de gran parte de la interferencia gubernamental y otras restricciones innecesarias alrededor del mundo".

Pues bien, aunque aún le falta mucho por batallar al póker para que sea aceptado como deporte sin ningún tipo de restricciones, la pregunta que quedaría por responder sería la siguiente: ¿No existe el azar en el póker?

Lo primero que debemos saber es qué es el azar y este lo podemos encontrar en internet, una búsqueda mucho más amplia y exhaustiva nos llevaría a leer tratados sobre este tema en diversos libros. Por ahora nos interesa quedarnos con la definición encontrada en el portal Wikipedia, según el cual el azar "es una casualidad presente, teóricamente, en diversos fenómenos que se caracterizan por causas complejas, no lineales y sobre todo que no parecen ser predictibles en todos sus detalles"[47], aquí es importante quedarnos con un dato que salta a la vista y es lo "impredecible", cuando algo no se puede predecir, decimos que es aleatorio, por lo tanto es azaroso o contiene mucho de este ingrediente.

Digamos que usted tiene un par de cartas perfectas: A-A y su contrincante tiene 7-2. Por supuesto que usted no sabe las cartas que tiene su rival, pero sólo por el hecho de que usted tenga par de ases, eso le da, por estudios y simulaciones realizadas con anterioridad en el juego del póker que permiten calcular probabilidades de ganancias en manos, un 84.7% de probabilidades de éxito con su mano. Pero si usted supiera que su rival tiene 7-2 en su poder, usted ya sabría de antemano que ese porcentaje subiría a 87.9%. Esto es probabilidad, no es azar, son cálculos y estimaciones realizadas tras millones, léase bien, millones de manos estudiadas a través de los años.

Pero dejemos un momento el ejercicio del póker y supongamos que hoy se enfrentarían en un partido de fútbol, la selección de mayores de San Marino ante el equipo de Alemania. ¿Cómo cree usted qué van a estar las cuotas en las casas de apuestas respecto a ese partido? El encuentro se juega 11 contra 11, con una misma pelota para ambos y con las mismas condiciones de la cancha, la otra pregunta sería: si tienen iguales condiciones, ¿Deberían tener las mismas posibilidades de éxito, es decir, 50% cada uno? ¿Le suena lógico? Si usted sabe algo de fútbol, entenderá que eso no tiene nada de lógico, aunque tengan las mismas condiciones, jueguen con la misma pelota, en el mismo campo y todo sea exactamente igual para los dos, la selección de Alemania es muy superior a la de San Marino y es prácticamente imposible que pierda. Pero ¿Cómo sabemos eso? Por estadística, puro y simple cálculo matemático desarrollado y además por la experiencia demostrada en cancha. Sabemos que los alemanes son más habilidosos que los sanmarinense, no deberíamos ahondar en más detalles. Saber esto, también le haría entender el por qué en los juegos similares, donde una selección es muy superior a otra, dan ventaja de goles en el caso del fútbol o puntos en baloncesto o carreras en béisbol para hacer más atractiva la alternativa para el apostador.

Volvamos al póker. Dijimos que usted tenía A-A y su rival 7-2. ¿Qué pasaría si usted va *"all in"* y su rival paga esa apuesta. Eso le garantiza ganar la mano? Por supuesto que no. Dijimos que usted tiene 87.9% de posibilidades de éxito, no el 100%. Hasta aquí las probabilidades, lo que viene a continuación es azar. Su rival aún tiene 11.6% de posibilidades de ganar la mano y aún hay un 0.5% de posibilidades de empate. Ni usted ni su rival tienen facultades de adivinanza (o por lo menos eso suponemos) y esperemos que el crupier sea honesto e imparcial en la mesa, entonces, sólo el hecho de no saber lo que viene a continuación vuelve el juego azaroso. Juan Manuel Fangio, ex piloto de fórmula uno argentino decía que "para llegar primero, primero hay que llegar", lo que nos hace reflexionar acerca del azar. Usted puede tener casi todas las probabilidades a su favor, pero si no las tiene todas, si no están al 100% entonces usted todavía puede perder. Imagínese que en el *"flop"* aparecen las siguientes cartas: 2-2-7. Ahora las probabilidades se han volteado. Usted tiene 9% de victoria y su rival 91%, su rival acaba de ligar un *"full house"* y usted apenas tiene doble par. Si seguimos jugando y suponemos que en el *"turn"* aparece un A entonces se vuelven a voltear las posibilidades. Usted tendría 97.5% de probabilidades de ganar y su rival 2.5%, es decir, aún puede ganar. Es cierto, sólo puede ganar si sale otro 2, y la baraja consta de 52 cartas menos las que ya salieron, pero igual es una probabilidad.

Aunque parezca exagerado el ejercicio que propusimos anteriormente, en el juego de póker ocurren hechos que, aunque parezcan extraños, son parte normal del juego, de las probabilidades. Pero no sólo ocurre en el póker.

Imagine usted que ve un partido de béisbol y éste llega al noveno inning parte baja, última oportunidad para los de casa, y están perdiendo el juego 10-3. ¿Qué cree usted que pasará? ¿Si yo le apuesto a usted $ 1.000 a que gana el equipo que va perdiendo, me aceptaría la apuesta? Recuerde que es el último inning, sólo tres outs y el equipo que lleva la delantera gana el encuentro. Eso fue lo que le ocurrió a un equipo de béisbol en Venezuela llamado Navegantes del Magallanes, era el año 2007 y se jugaba el 5to juego de la final, se enfrentaban a los Tigres de Aragua que habían ganado tres juegos por uno de los Navegantes. Si Magallanes ganaba este encuentro iban a disputar el juego seis y siete de la serie final en su casa. Ya estaban el noveno inning y ganando cómodamente

10-3. ¿Quién se iba a imaginar que les estaba por suceder lo peor? Tras una serie de batazos de los Tigres y lanzadores descontrolados de los Navegantes, los de Aragua pudieron darle vuelta al encuentro y finalmente ganaron el juego 11-10 y con ello ganaron el campeonato.

Retomando el juego entre Alemania y San Marino, ¿Estaría usted dispuesto a apostar a favor de San Marino ahora?, está demostrado que todos los hechos aquí descritos son difíciles de que ocurran pero el azar permite de que haya una posibilidad de que ocurra. Ciertamente un A-A puede perder la -mano ante un 7-2, un equipo de béisbol puede perder una ventaja cómoda en el último inning y perder el encuentro, un equipo de fútbol puede ganar en el último minuto incluso jugando mal y una selección de fútbol débil le puede ganar a una fuerte, pero son casos en extremo difíciles, las estadísticas nos ayudan a demostrar eso, y permite que el azar sea lo menos a lo que tendríamos que preocuparnos.

Phil Hellmuth un jugador profesional de póker dijo una vez que *"Si la suerte no influyera en el póker, yo ganaría siempre"*, ciertamente es una declaración con muy poca modestia pero que alude al hecho de que también se puede perder en póker aun siendo un buen jugador que se enfrente al peor de los jugadores, si la suerte no ayuda, perderá. Pero esa aleatoriedad del azar la podemos disminuir y llevar a su mínima expresión en la medida en que juguemos muchas manos. Si usted se prepara bien, estudia el póker y lo práctica disciplinadamente, en un tiempo prudencial verá cómo sus resultados irán mejorando, es por ello que existen jugadores buenos y jugadores malos. Un jugador malo que le gane a un profesional bueno no lo hace buen jugador, y al jugador bueno, no lo hace malo. Esa clasificación se la ganan los jugadores cuando lo demuestran con el tiempo, ganando torneos, escalando en la élite de los mejores, al igual que los equipos de fútbol cuando ascienden de una división a otra, así ocurre en el póker. La vez que el equipo Juventus fue descendido a la Serie B por el escándalo de las apuestas en el fútbol italiano, no lo hizo un equipo malo, sólo tuvo la mala suerte de su lado al verse involucrado en el escándalo. Al año siguiente estaba de vuelta en Serie A porque era muy superior a los equipos de la categoría inferior. Se debe entender que la habilidad y experiencia adquirida en una disciplina a lo largo del tiempo es lo que harán de usted el mejor jugador en el póker.

Hay una frase muy inspiradora que decía Pablo Picasso *"la inspiración te tiene que conseguir en el taller"*, está claro que en su actividad, la pintura, Picasso era el mejor de su época y fue el mejor en mucho tiempo, algunos lo consideran el mejor pintor de la historia y con esa frase nos quería decir que la inspiración no siempre la tienen los artistas, pero cuando llega, debe tomarte en el taller, mientras trabajas, caso contrario, sería una lástima. Mark Pilarski, experto en materia del póker, dice que *"mientras mejor juegas, más suerte tienes"* y es que efectivamente la suerte debe tomarte jugando en las mesas.

No hay duda hasta aquí que el azar forma parte del juego, pero no es lo principal, de hecho, eso fue lo que tomó como referencia la Asociación Internacional de Juegos Mentales para incluir al póker como deporte. Está claramente determinado que el póker lo moldea la habilidad y la experiencia de los jugadores que, con el pasar del tiempo y mientras más manos jueguen toman mejores decisiones que, a la larga, rendirán frutos. No en balde existen cursos y escuelas de póker online por medio de los cuales los jugadores pueden aprender las habilidades necesarias para destacar y ser de los mejores. El mismo Hellmuth decía del póker lo siguiente *"El póker es 100% habilidad y 50% suerte"*.

* * *

LA SUERTE EN EL LIDERAZGO POSITIVO.

Para el liderazgo positivo también es importante la suerte, o el azar, y es que así como en el póker, en la vida personal y profesional, es muy importante el factor suerte, para todo hay que tenerla.

Para usted ascender en una organización debe tener suerte,

la suerte implica muchas cosas, por ejemplo estar en el momento adecuado en el tiempo justo, que le toque un jefe con buenas cualidades gerenciales y pueda notar en usted las habilidades que tiene, debe contar con la suerte de tener buenos compañeros y de tener aquellos que son personas negativas, debe tener la suerte de contar con personas que lo ayuden a afrontar diversas situaciones.

En ningún momento queremos menospreciar las aptitudes de usted como profesional y queremos indicar que deje todo su futuro en manos de la suerte, por el contrario, la idea aquí es que usted desarrolle a profundidad sus habilidades y experiencia en el ramo al cual se dedique para que cuando le llegue la suerte, ésta lo haga en el mejor momento de usted, tal y como nos lo dijo Picasso, esa suerte debe llegar cuando usted esté trabajando y mejor si es en su momento de máxima productividad.

La vida en general está llena de acciones relacionadas con la suerte, sólo el hecho de que usted haya nacido es un acto completamente del azar. Lo que sigue es un extracto de un estudio realizado por la Universidad de Harvard publicado en el portal de 20minutos.es:

...un padre, podría (...) haber conocido a una madre entre 200 millones de mujeres, pero calcula que realmente habría conocido unas 10.000 a lo largo de 25 años.

Una vez que los padres se conocen, los números no son más sencillos. Los seres humanos somos la combinación de un espermatozoide y un óvulo concretos y cada madre tiene una media de 100.000 óvulos fértiles durante toda su vida, mientras que el padre generó aproximadamente unos 400.000 trillones de espermatozoides totalmente diferentes por lo que la probabilidad de que el bebé que engendren seas uno mismo y exactamente uno mismo es de 1 entre 400.000 trillones.

Aunque para que se dé esa probabilidad, primero todos los ancestros tuvieron que nacer, crecer y reproducirse sabiendo que hay un 50% de probabilidades de que ocurra todo eso. Contando con que cada 20 años hay una nueva generación y que los primeros humanos aparecieron hace más o menos 3 millones de años, nos deja con 150 generaciones que tuvieron que pasar el proceso estadísticamente casi imposible para llegar a un nacimiento, lo que equivale a una probabilidad de 1 entre 10 elevado a 45.000. Por último, la posibilidad de que en todas esas 150 generaciones se unieran el espermatozoide y el óvulo que dieron lugar a uno de los ancestros es de 1 entre 10 elevado a 2.640.000.

Sabiendo todos estos datos, para saber la estadística exacta de que un individuo terminase existiendo hay que sumar todas esas cifras y da un resultado de 1 de cada 10 elevado a 2.685.000[48]

Así que si luego de esto, usted no toma en serio al azar o la suerte, se debe a no querer entender estas relaciones.

Tampoco se puede andar por la vida dándole demasiada importancia al tema del azar o la suerte, cada cual tiene su posición en nuestro desempeño a lo largo de la vida, pero es muy importante contar con ella y aún es más importante desarrollar las habilidades que nos hagan mejorar como profesionales y líderes positivos, no sólo nuestras habilidades duras (referentes al desempeño propio de la actividad que desarrollamos) sino también a nuestras habilidades blandas (se refieren a las habilidades de apoyo para mejorar nuestro desempeño) para poder ser profesionales completos, en la medida en que pongamos esto en práctica, iremos minimizando el factor suerte y los resultados serán cada vez más cónsonos con nuestro esfuerzo.

EPÍLOGO

Aunque es importante cumplir nuestras metas y objetivos como personas primero y luego como profesionales, la ética debe ser la que forje nuestro comportamiento en todo momento. Cualquier acto que falte a la ética debe ser no sólo rechazado, sino además repudiado y denunciado en caso de que sea un tercero quien lo cometa.

Si usted se quiere convertir en el mejor padre del mundo, y quiere lo mejor para sus hijos, lo primero que debe conseguir es ser buena persona, hacer que en su hogar prive el amor y el respeto antes que cualquier otra cosa, el ejemplo con acciones siempre serán más efectivos que las palabras. Si usted considera que es buen padre o madre y es infiel a su pareja, le falta el respeto y demás, créame, no es un buen padre o madre.

Si su trayectoria hacia la cumbre de una organización ha sido efectiva y se encuentra en la cima de su carrera pero detrás de sus éxitos ha habido asociaciones que involucran dejar mal a sus compañeros de trabajo, acciones de intriga, envidia, etc., su liderazgo no es efectivo y mucho menos es usted un ejemplo a seguir tanto para sus seguidores como para sus colegas y superiores si los tuviera.

El mundo está repleto de ejemplos de liderazgos negativos que hicieron de la vida de las personas que los seguían y su entorno un verdadero calvario, el caso de los políticos en naciones pobres y en vías de desarrollo son incontables y el mundo necesita urgentemente un cambio de perspectivas, el desarrollo del liderazgo debe enmarcarse en acciones éticas que promuevan la disciplina y el trabajo bien hecho de las personas sin menoscabar derechos ni dañar la imagen, reputación y/o personalidad de nuestro entorno, es por ello que nos apoyamos mucho en el término "liderazgo positivo", ya no basta sólo con ser un líder, que bien pudiera ser una posición a la que alguien ostente por mera casualidad o por influencia de terceros, sino que ahora el mundo está demandando líderes que promuevan el bienestar en mayor grado de su comunidad, organización, sociedad, etc.

El liderazgo positivo no es algo que sólo usemos cuando estamos desempeñando el papel de administrador o gerente, debe ser un cambio de actitud general que permita que no sólo tú te beneficies de tu desarrollo, sino que sea una sinergia completa en el que tú puedas compartir tu crecimiento y, como dijimos líneas atrás, tu prosperidad redunde en la felicidad de la mayor cantidad de personas.

Estamos seguros que con un cambio de percepción en los sistemas de enseñanza, el enfoque del liderazgo basado en actitudes éticas puede permitir un avance significativo sobre todo en las sociedades más desfavorecidas y desiguales del planeta.

---

[1] Carreño, Juan (2012). *Introducción al póker semi-profesional.* Libre Distribución.

[2] Lussier, Roert N. y Achua, Christopher F. (2011). *Liderazgo. Teoría, aplicación y desarrollo de habilidades. Cuarta Edición. Cengage Learning. México, D.F.*

[3] *El Kicker es una carta de desempate. Si un jugador tiene en su mano 10-8 y otro jugador tiene K-10 y las cartas comunitarias son 10-5-A-10-2. Ambos jugadores tendrían trío de dieces. Pero el primer jugador tiene la combinación 10-10-10-A-8 y el otro jugador tiene la combinación 10-10-10-A-K. Por lo tanto, en este caso ganaría el segundo jugador.*

[4] *Blinds: Apuesta ciega o apuesta obligatoria.*
Small Blind: Ciega pequeña
Big Blind: Ciega grande.
Las ciegas o apuestas obligatorias sirven para crear el bote inicial en una mesa de póker. Esto permitirá mayor dinámica en el juego.

[5] *Under the Gun o UTG: Primera persona a la izquierda del Big Blind y primera en hablar en la ronda de apuestas pre-flop.*

[6] *Fold: Retirarse de la ronda actual o abandonar la mano.*

[7] *Call: Igualar la apuesta de un jugador.*

[8] *Raise: Aumentar la apuesta en una ronda.*

[9] *Flop: Se menciona así a las primeras tres cartas comunitarias repartidas por el croupier después de la primera ronda de apuestas.*

[10] *Dealer: Es el jugador en la última posición de la mesa, también denominado botón o*

repartidor.

[11] *Check: Al no haber apuestas, un jugador puede pasar y continuar en la mesa para ver el comportamiento de otros jugadores.*

[12] *Re-raise: Incrementar una apuesta que previamente había sido aumentada.*

[13] *Turn: Cuarta carta comunitaria.*

[14] *River: Quinta y última carta comunitaria.*

[15] *Showdown: Situación que ocurre cuando, luego de finalizada las rondas de apuestas, los jugadores restantes muestran sus cartas para ver quién es el ganador de la mano.*

[16] *En un torneo de póker, los jugadores pagan una entrada principal o "buy in" y por este pago le reparten un número determinado de fichas. Con estas fichas es que los jugadores inician el torneo.*

[17] *Bluff: Hacer bluff en póker, significa hacer una apuesta sin tener una mejor mano o una mano legítima. El objetivo principal aquí es hacer que los rivales piensen lo contrario, que se retiren, y puedas quedarte con el bote de la mesa.*

[18] *Tight: En inglés se traduce como "apretado" o "ajustado" y en póker se refiere a jugar o apostar con un rango de manos muy cerrado. Es decir, manos del tipo A + K / A + Q del mismo color o parejas superiores a QQ por ejemplo.*

[19] *Juego Preflop: El juego o ronda de apuestas que se hace antes de que el repartidor lance las primeras tres cartas comunitarias en la mesa o flop.*

[20] *Juego PostFlop: Juegos o rondas de apuestas que se dan luego de repartido las primeras tres cartas comunitarias o "flop".*

[21] *Mesas de Cash: Mesas en donde la entrada es la cantidad con la que cada jugador ingresa. Existe un mínimo de entrada y ésta representa el dinero que efectivamente tienes en juego. A diferencia de los torneos, en donde todos los jugadores pagan la misma entrada y reciben las mismas cantidades de fichas, en cash, la entrada de los jugadores va a estar representada por el dinero con el que efectivamente decidan ingresar.*

[22] *Stack: Pila de fichas que tiene un jugador en momento determinado dentro de una mesa.*

[23] *Robar fichas: En póker se utiliza el término robar fichas o robar ciegas cuando, sin tener una buena mano, subes o aumentas una apuesta con el objetivo de que tus rivales se retiren y poder ganar lo apostado en el bote hasta el momento. Esto generalmente lo realizan los jugadores con la mayor pila de fichas en la mesa.*

[24] *Para saber más detalles acerca de la Primera Guerra Mundial, sugerimos visitar: https://es.wikipedia.org/wiki/Primera_Guerra_Mundial#Consecuencias_de_la_guerra*

[25] Para más detalles sobre el Tratado de Versalles, sugerimos visitar: https://es.wikipedia.org/wiki/Tratado_de_Versalles_(1919)

[26] *Goleman, Daniel (2007). <u>La Inteligencia Emocional en la empresa.</u> Zeta Bolsillo. Buenos Aires.*

[27] *Un proyecto en póker se refiere al hecho de tener cartas cuya combinación en el "turn" o "river" mejorarían sustancialmente. Por ejemplo, digamos que tenemos dos cartas 5-7. Y el flop aparece 6-A-8. Usted puede decidir apostar pensando en una escalera si aparece el 4 o 9 en las siguientes dos cartas comunitarias. Lo mismo ocurre si usted después del "flop" tiene cuatro cartas de un mismo palo.*

[28] *Actualidad RT. <u>El precio de embarcarse en una guerra.</u> 02-09-2010. Disponible en: https://*

actualidad.rt.com/economia/view/16215-El-precio-de-embarcarse-en-una-guerra. *Fecha de consulta: 03-04-2020.*

[29] *Código Póker.* Cómo es conveniente jugar la fase inicial de los torneos.*02-09-2019. Disponible en: https://www.codigopoker.com/aprende-poker/jugar-la-fase-inicial-los-torneos.*

[30] *La burbuja viene a ser la última parte de un torneo que desarrollaremos con más profundidad en el siguiente apartado.*

[31] *Años después, en un artículo publicado en la revista Forbes, Sculley indicó que "Steve nunca fue despedido, se tomó un sabático y aún era presidente del consejo. Estaba fuera, nadie lo corrió, pero estaba fuera del proyecto de la Macintosh, que era su sueño, y nunca me perdonó por eso."*

[32] *Los torneos sit and go son torneos similares a los torneos multimesa pero la diferencia es que se juegan con un número determinado de jugadores, al completarse la cantidad total de jugadores inscritos, comienza el torneo. Generalmente se desarrollan más rápido que los torneos multimesa.*

[33] *CNN Tecnología.* 10 grandes fracasos de empresas punto com. *16-03-2015. Disponible en: https://cnnespanol.cnn.com/2015/03/16/10-grandes-fracasos-de-empresas-punto-com/*

[34] *Big stack: tener la pila más grande de una mesa o formar parte de los jugadores que tienen la pila de fichas por encima de la media en una etapa determinada de un torneo de póker.*

[35] *Short stack: se refiere a tener la pila de fichas más baja de una mesa de póker o una de las más bajas o ser de aquellos jugadores que tienen una cantidad de fichas por debajo de la media en cierta etapa del torneo.*

[36] *Suited: Cartas del mismo palo.*

[37] *Offsuited: cartas de palos diferentes.*

[38] *Tablas de póker incluidas en el artículo: Pre-flop: el juego avanzado antes del flop. Disponible: https://es.pokerstrategy.com/strategy/fixed-limit/pre-flop-juego-avanzado-antes-del-flop/*

[39] *"Three bet" o "3bet": Es la denominada tercera apuesta. En una ronda de manos en póker, la ciega grande es la primera apuesta, el primer "raise" o aumento de ésa apuesta sería la segunda, y la tercera sería el siguiente aumento.*

[40] Four Bet o 4bet: Cuarta apuesta de continuación.

[41] *Premium cards: Cartas con los valores más altos dentro de la baraja. En el caso de que sean las cartas propias, estaremos hablando de combinaciones del tipo A-A, K-K, A-K. A-Q, Q-Q o K-Q.*

[42] *Top Pair: Pareja máxima. Cuando luego de haber salido el flop, usted arma una pareja con alguna carta del flop y esa pareja es la de mayor rango.*

[43] *Board: Se refiere a la composición de cartas comunitarias existentes en una mano determinada.*

[44] *Textura del flop: Se refiere a la forma en cómo están combinadas las 3 cartas que se encuentran en la mesa y si éstas tienen posibilidades de proyectos o nos hacen ligar pares o cualquier otra mano mejor.*

[45] *Flop Seco: Se refiere al flop en el cual sus rivales difícilmente estén ligando alguna pareja o tengan muy pocas posibilidades de tener algún proyecto. Por ejemplo: 6-8-2 todas de palos diferentes.*

[46] *Nota de Prensa:* **Poker, admitido como deporte mental.** *Disponible en: https:// www.espn.com.ar/noticias/nota?s=pok&id=1016199&type=story. Fecha: 07-05-2010.*

[47] *Tomado del portal Wikipedia: https://es.wikipedia.org/wiki/Azar*

[48] Estudio de la Universidad de Harvard publicado por el portal 20minutos.es. Disponible: https://www.20minutos.es/noticia/2256427/0/probabilidad-nacer/practicamente-cero/harvard/. Fecha: 03-10-2014.

ACERCA DEL AUTOR

Raynell A. Paravavides A.

Es Licenciado en Administración Comercial egresado de la Universidad Central de Venezuela donde obtuvo las bases de conocimiento primordiales en el liderazgo, las cuales amplió de forma importante a través del diplomado de formación gerencial en la Universidad Metropolitana y que pudo aplicar satisfactoriamente en su carrera profesional dentro de las organizaciones, allí desempeñó diversas funciones tanto en  Venezuela como en Perú donde reside actualmente.

Asimismo, es locutor y productor en radio con 3 años de experiencia en este medio en Venezuela, esta última actividad lo llevó a realizar diversas investigaciones en el campo de la oratoria, el liderazgo y el lenguaje corporal, algunas de ellas quedan plasmadas en la presente obra.

Como jugador recreacional de póker lleva más de 8 años de experiencia y es esta actividad la que le permite realizar analogías propias y únicas para el entendimiento de las estrategias que sugiere. En las redes sociales también queda plasmado su conocimiento los cuales comparte periodicamente en:

Instagram: @raynellp
Twitter: @rnparavavides
Facebook: Raynell Paravavides